DON BOSCO

Andrea Erkert · Heiner Rusche

Bitte, danke, gern geschehen!

Gutes Benehmen in der Kita

Mit Liedern, Reimen und Spielen

DON BOSCO

Gerne nehmen wir Ihre Anregungen, Wünsche, Kritik oder Fragen entgegen:
Don Bosco Medien GmbH, Sieboldstraße 11, 81669 München
anregungen@donbosco-medien.de
Servicetelefon: (0 89) 4 80 08-3 41

Bibliografische Information der Deutschen Nationalbibliothek
Die Deutsche Nationalbibliothek verzeichnet diese Publikation in der Deutschen Nationalbibliografie; detaillierte bibliografische Daten sind im Internet über http://dnb.d-nb.de abrufbar.

1. Auflage 2019 / ISBN 978-3-7698-2420-9

www.donbosco-medien.de
Umschlag und Illustrationen Innenteil: Petra Eimer, Walsdorf
Lektorat: UNGER-KUNZ. Lektorat und Redaktionsbüro
Notensatzvorlagen: Susanne Kuhlbusch
Notensatz: Nikolaus Veeser, Schallstadt
Layout und Satz: Don Bosco Medien GmbH, München
Produktion: Don Bosco Druck & Design, Ensdorf

Gedruckt auf umweltfreundlichem Papier

Inhalt

Vorwort

Ist die Rede von gutem Benehmen, erinnert sich jeder sicher sofort an die eine oder andere Situation, in der er das Wort „bitte“ oder „danke“ vermisst hat oder in der er sich über ein nicht angemessenes Verhalten eines Kindes oder eines Erwachsenen gewundert hat. Und dabei ist es doch gar nicht so schwer, sich gutes Benehmen im Umgang mit anderen Menschen anzueignen. Überhaupt sind ein der jeweiligen Situation angemessenes Verhalten und gutes Benehmen der Schlüssel für ein gutes Miteinander und erleichtern es Kindern auch später, z. B. während ihrer schulischen Ausbildung und im Beruf, mit anderen Menschen gut auszukommen.
Mit den in diesem Band versammelten Spielen und Liedern lernen Kinder bereits im Alter von 3 bis 6 Jahren u. a.,

- wie man jemanden freundlich begrüßt, sich mit ihm bekannt macht und sich von ihm verabschiedet,
- weshalb man nicht zu spät in die Kita kommen sollte,
- warum man mit einem freundlichen Umgangston viel mehr erreichen kann,
- welche Möglichkeiten des Umgangs mit den eigenen Gefühlen, z. B. der Wut, es gibt und wie man auf die Schimpfwörter der SpielkameradInnen reagieren kann,
- wie man sich richtig verhält, wenn man niesen, husten, gähnen oder auch mal pupsen muss,
- wie man den Tisch richtig eindeckt und sich am Tisch gut benehmen kann,

- weshalb man sorgsam mit Spielsachen und anderen Gegenständen umgehen sollte und wie man am besten Ordnung halten kann ...

... und das alles ohne erhobenem moralischen Zeigefinger.

Für das Erlernen von gutem Benehmen ist es natürlich auch wichtig, dass die Erwachsenen zum einen mit gutem Beispiel vorangehen und dass sie zum anderen ihre eigenen Ansprüche, was gute Umgangsformen betrifft, an den Entwicklungsstand des Kindes anpassen. Aus diesem Grund ist jeder Spielidee eine Altersangabe als Orientierungshilfe beigefügt.

Und nun wünschen wir Ihnen gemeinsam mit den Kindern viel Spaß beim Ausprobieren der Spielideen und Singen der Lieder!

Andrea Erkert und Heiner Rusche

„Guten Morgen" – einfach so!

Einander freundlich begrüßen,
sich kennenlernen und verabschieden

Wer grüßt wen? Wie grüßt man und warum überhaupt? Kinder, die die Grundregeln für gutes Benehmen von klein auf kennen und beherrschen lernen, sind achtsamer im Umgang miteinander und begegnen sich gegenseitig mit Wertschätzung. Wenn man sich freundlich begrüßt und sich nett voneinander verabschiedet, hinterlässt man bei seinen Mitmenschen weit mehr als nur einen guten Eindruck.
In diesem Kapitel wird gezeigt, wie bereits Kindergartenkinder die Grundregeln des Begrüßens, des sich miteinander Bekanntmachens und Verabschiedens ganz spielerisch verinnerlichen können. Die nachfolgenden Spiele und Lieder machen es ihnen leicht, sich gegenseitig mit Blickkontakt freundlich zu begrüßen und sich auf ebensolche Weise auch voneinander zu verabschieden. Werden diese Praxisideen regelmäßig im Morgenkreis eingesetzt, kann daraus schnell ein schönes Ritual werden, auf das sich die Kinder jeden Tag aufs Neue freuen.

Heute wird ein guter Tag

Text und Musik: Heiner Rusche

CD-Track 1

Refrain: Heute merkt es jedes Kind …

3. Bin schon fertig, gleich gehts los.
   Schnell noch nachgedacht:
   Hab ich alles für den Tag?
   Werde ich gebracht?

4. Unterwegs noch viel erzählt.
   Wir sind zeitig da.
   Keine Hektik und auch keinen Stress.
   Pünktlichkeit ist wunderbar.

Refrain

5. „Hallo“, grüß ich jedes Kind,
   wie es jeder mag.
   Meine gute Laune, die steckt an.
   Heute wird ein guter Tag.

Refrain

Spielidee zum Lied

Alter: ab 3 Jahren

Alle Kinder bilden einen Kreis, setzen sich im Schneidersitz auf den Boden und stellen sich schlafend.

Heute merkt es jedes Kind. Ich hab gute Laune. So, wie es halt jeder mag. Heute wird ein guter Tag.	*Im Rhythmus der Musik Hand in Hand vor Freude im Kreis linksherum hüpfen*
Ausgeschlafen werd ich wach. So, wie ich es mag. Schon beim Frühstück viel gelacht, starte in den Tag.	*Stehen bleiben, die Hände lösen, sich die Augen reiben und dann die Arme vor Freude im Takt der Musik recken und strecken*
Waschen, Zähne sind geputzt. So fühl ich mich fit. Anziehen, dann wird schnell eingepackt. Was nehme ich alles mit?	*Stehen bleiben und so tun, als würde man sich einseifen, die Zähne putzen, sich anziehen, sich fragend am Kopf kratzen und dann aufstehen*
Heute merkt es jedes Kind …	*s. o.*

Bin schon fertig, gleich gehts los. Schnell noch nachgedacht: Hab ich alles für den Tag? Werde ich gebracht?	*Stehen bleiben, die Hände lösen und im Rhythmus der Musik mit dem Zeigefinger an die Stirn tippen*
Unterwegs noch viel erzählt. Wir sind zeitig da. Keine Hektik und auch keinen Stress. Pünktlichkeit ist wunderbar.	*Im Rhythmus der Musik im Uhrzeigersinn hintereinander hergehen, am Schluss stehen bleiben, sich wieder in Richtung Kreismitte drehen und auf die imaginäre Armbanduhr deuten*
Heute merkt es jedes Kind …	*s. o.*
„Hallo“, grüß ich jedes Kind, wie es jeder mag. Meine gute Laune, die steckt an. Heute wird ein guter Tag.	*Die Hände lösen, im Takt der Musik auf der Stelle gehen, sich dabei zuwinken und fröhlich dreinblicken*
Heute merkt es jedes Kind …	*s. o.*

Gute Laune

Alter:
ab 5 Jahren
Lied:
„Heute wird ein guter Tag“, s. S. 9ff., CD-Track 1

Die Kinder stehen im Kreis und singen den Refrain des o. g. Liedes:

„Heute merkt es jedes Kind.
Ich hab gute Laune.
So, wie es halt jeder mag.
Heute wird ein guter Tag.“

Danach verrät die Spielleitung den Kindern, worauf sie sich selbst an diesem Tag besonders freut. So erzählt sie z. B., dass sie sich auf eine fröhliche Spielzeit oder einfach auf die Gruppe freut – sicher eine Freude, die alle Kinder teilen können.

Tipp:
An den nachfolgenden Tagen kann dann jeweils eines der Kinder aus der Gruppe erzählen, worüber bzw. worauf es sich am meisten freut. Auf diese Weise kommen alle einmal an die Reihe.

Einfach nur so, grüße ich „Hallo!“

Text und Musik: Heiner Rusche

CD-Track 2

Refrain: Einfach nur so …

2. Mein Name ist …
   Ich grüße euch: „Hallo!“
   Ich reich euch meine kleine Hand.
   Einfach nur so!

Refrain

3. Wir heißen ...
   Wir grüßen euch: „Hallo!“
   Wir lächeln alle freundlich an.
   Einfach nur so!

Refrain

Spielidee zum Lied

Alter: ab 3 Jahren

Alle Kinder bilden einen Stuhlkreis.

Einfach nur so, grüße ich „Hallo!“ Ein Lächeln, „Hallo!“ Einfach nur so.	*Im Takt der Musik fröhlich winken*
Mein Name ist ... Ich grüße euch: „Hallo!“ Ich wünsch euch einen „Guten Tag“. Einfach nur so!	*Eines der Kinder steht auf, teilt der Gruppe seinen Vornamen mit und winkt der Gruppe zu*
Einfach nur so ...	*s. o.*
Mein Name ist ... Ich grüße euch: „Hallo!“ Ich reich euch meine kleine Hand. Einfach nur so!	*Der linke Sitznachbar des zuletzt genannten Kindes steht nun auf und verrät der Gruppe seinen Vornamen, dabei begrüßt er seinen linken und dann seinen rechten Nachbarn per Handschlag*
Einfach nur so ...	*s. o.*

Wir heißen … Wir grüßen euch: „Hallo!“ Wir lächeln alle freundlich an. Einfach nur so!	*Der linke und der rechte Sitz-nachbar des zuletzt genannten Kindes stehen auf, teilen den übrigen Kindern ihre Vornamen mit und blicken fröhlich drein*
Einfach nur so …	*s. o.*

Tipp:
Das Lied kann so lange wiederholt werden, bis alle Kinder an der Reihe gewesen sind bzw. alle im Kreis stehen.

Ein Lächeln – „Hallo!“

Alter:
ab 3 Jahren
Material:
evtl. vier Markie-rungskegel
Lied:
„Einfach nur so, grüße ich ‚Hallo!‘“, s. S. 13f., CD-Track 2

Die Spielleitung steckt mit den Markierungskegeln ein nicht zu großes, überschaubares Spielfeld ab. Die Kinder gehen innerhalb dieses Feldes frei herum und singen dabei gemeinsam den Refrain des o. g. Liedes:

„Einfach nur so,
grüße ich „Hallo!“
Ein Lächeln – ‚Hallo!‘
Einfach nur so.“

Bei jedem „Hallo!“ bleiben alle kurz stehen, um jeweils ein anderes Kind, das sich gerade in ihrer Nähe befindet, freundlich per Handschlag zu begrüßen.

Tipp:
Der Refrain wird dreimal wiederholt, sodass jedes Kind insgesamt sechs Kinder aus der Gruppe begrüßen kann.

Ich begrüße euch zwei

Alter:
ab 4 Jahren
Material:
Handtrommel

Die Kinder sitzen im Stuhlkreis. Eines der Kinder wird von der Spielleitung ausgewählt, es dreht sich zu seinem linken Sitznachbarn. Die beiden begrüßen sich per Handschlag und nennen einander ihre Vornamen. Dann wendet sich das Kind seinem rechten Sitznachbarn zu und wiederholt die Begrüßungsgeste.
Die Spielleitung schlägt nun die Handtrommel in langsamem Rhythmus und die Kinder laufen dazu im Takt so lange im Innenkreis herum, bis das Trommeln stoppt. Alle Kinder suchen sich jetzt blitzschnell einen neuen Platz. Danach ruft die Spielleitung ein anderes Kind auf, das eine neue Begrüßungsrunde startet. Das Spiel wird auf diese Weise so lange fortgesetzt, bis sich alle Kinder gegenseitig begrüßen konnten.

Variante:
Auf diese Weise können sich die Kinder auch voneinander verabschieden.

Jemanden begrüßen, einfach so!

Alter:
ab 3 Jahren
Material:
Handtrommel; vier Markierungskegel

Die Spielleitung schlägt die Handtrommel in langsamem Rhythmus und die Kinder bewegen sich dazu auf einem vorher mit Kegeln markierten, nicht zu großen Spielfeld. Jedes Mal, wenn sich dabei zwei Kinder begegnen, bleiben sie kurz voreinander stehen und begrüßen sich gegenseitig freundlich mit „Hallo!“.
Nach drei bis vier Minuten ist das Spiel beendet. Die Spielleitung trommelt alle Kinder zu sich herbei und erzählt ihnen, dass es andere Menschen immer sehr freut, wenn man sie z. B. auf der Straße, beim Bäcker oder im Mietshaus freundlich grüßt.

Das ist mein Kuscheltier

Die Kinder gehen mit jeweils einem Stofftier in der Hand im Takt des Trommelspiels auf einem mit Kegeln markierten, überschaubaren Spielfeld herum. Sobald das Trommeln stoppt, bilden die Kinder Zweierteams. Die SpielpartnerInnen stellen sich jeweils einander gegenüber auf, um sich gegenseitig ihr Stofftier vorzustellen. Je nach Stofftier kann z. B. gesagt werden: „Hallo! Das ist Brummbär. Mein bester Freund!“ oder „Hallo! Das ist Miezekatze. Eine gute Freundin!“.
Sobald das Trommelspiel wieder einsetzt, gehen die Kinder wieder einzeln im Takt auf dem Spielfeld herum. Stoppt das Trommelspiel erneut, bilden sich neue Paare. Nach ein paar Durchgängen ist das Spiel beendet.

Alter:
ab 3 Jahren
Material:
Handtrommel; ein Stofftier je Kind; vier Markierungskegel

Handschmeichler-Vorstellungsrunde

Die Kinder bilden einen Stuhlkreis. Die Spielleitung hält einen sogenannten Handschmeichler, z. B. einen Gegenstand aus Holz, der von seiner Größe her bequem auch in eine kleinere Hand passt und sich durch seine glatte Oberfläche und seine abgerundeten Kanten angenehm anfühlt, in der Hand und setzt sich zu den Kindern in den Stuhlkreis.

Alter:
ab 3 Jahren
Material:
Handschmeichler o. Ä.

Dann steht sie auf und sagt z. B. laut: „Ich heiße ... und habe folgende Hobbys: ... .“ Danach setzt sie sich wieder auf ihren Stuhl und übergibt den Handschmeichler demjenigen Kind, das links neben ihr sitzt. Nun steht dieses Kind auf und stellt sich ebenfalls namentlich vor, zählt, falls es das möchte, seine Hobbys auf und setzt sich danach wieder auf seinen Stuhl. Danach übergibt es den Handschmeichler seinem linken Sitznachbarn. So geht es immer weiter, bis alle Kinder an der Reihe waren und sich vorstellen und von ihren Hobbys erzählen konnten.

Darf ich vorstellen?

Alter:
ab 3 Jahren

Die Kinder bilden einen Stuhlkreis. Eines davon wählt einen Freund oder eine Freundin aus und geht auf das betreffende Kind zu. Es bleibt vor ihm stehen, nimmt es an der Hand und geht gemeinsam mit ihm in die Kreismitte. Dort angekommen, sagt es laut: „Darf ich euch meinen Freund *(bzw. meine Freundin)* vorstellen? Er *(bzw. Sie)* heißt ...!“ Daraufhin sagt die Gruppe laut: „Herzlich willkommen im Morgenkreis!“
Während sich nun die beiden Kinder wieder in den Stuhlkreis setzen, ruft die Spielleitung ein neues Kind auf, das seinen Freund oder seine Freundin an der Hand nehmen und in der Kreismitte vorstellen darf. So geht es immer weiter, bis sich alle Kinder gegenseitig vorstellen konnten.

Tipp:
Wenn ein Kind nicht aufstehen und mit in die Kreismitte gehen möchte, darf es selbstverständlich auch auf seinem Stuhl sitzen bleiben. Das Kind im Innenkreis sucht sich dann entweder jemand anderen aus oder stellt die Spielleitung in der Kreismitte vor.

Freundlich „Tschüss!“ sagen

Die Kinder bilden einen Kreis. Eines von ihnen geht im Innenkreis auf ein anderes Kind zu, um sich von ihm freundlich und per Handschlag zu verabschieden. Dabei sagt es z. B. laut: „Tschüss! Ich wünsche dir einen guten Nachhauseweg!“ Daraufhin tauschen die beiden ihre Plätze. Dasjenige Kind, das nun im Innenkreis steht, geht auf ein weiteres Kind zu, um sich von diesem auf die gleiche Weise zu verabschieden. Das Spiel ist beendet, sobald sich jedes Kind von einem anderen verabschieden konnte.

Alter:
ab 3 Jahren

Auf ein Wiedersehen

Die Kinder sitzen im Stuhlkreis. Eines von ihnen steht auf und sagt z. B. laut: „Tschüss! Ich muss jetzt leider gehn!“ Daraufhin winkt die Gruppe dem betreffenden Kind zu und sagt laut: „Tschüss *(Name des Kindes)*, bis morgen!“ Das so verabschiedete Kind stellt sich daraufhin hinter seinen Stuhl. Nun ist sein linker Sitznachbar an der Reihe. Auch dieses Kind verabschiedet sich von der Gruppe auf die genannte Weise. Sobald alle Kinder hinter ihren Stühlen stehen, ist das Spiel beendet.

Alter:
ab 3 Jahren

„Auf den Haken, fertig, los!“

Pünktlich und ohne Garderoben-Chaos in der Kita ankommen

Sobald Kinder den Kindergarten besuchen, hat das auch Auswirkungen auf den bis dahin gewohnten Tagesablauf innerhalb ihrer Familien. So müssen die Kinder z. B. rechtzeitig geweckt werden, damit sie nicht nur pünktlich, sondern auch ohne Hektik und in aller Ruhe im Kindergarten ankommen können. Denn nur so können sie von Anfang an bei den Aktivitäten in der Kita dabei sein und motiviert mitmachen. Für die Kinder ist es also wichtig, dass die vereinbarten Bring- und Abholzeiten eingehalten werden. Dabei können auch die Eltern ihren Kindern, was Pünktlichkeit und Zuverlässigkeit betrifft, ein gutes Vorbild sein.
Im Folgenden wird spielerisch und musikalisch gezeigt, wie bereits Kindergartenkinder mit Zeit umzugehen und dabei auch einen festgelegten Zeitpunkt einzuhalten lernen, obwohl die meisten von ihnen die Uhr noch gar nicht kennen. Und falls es doch einmal vorkommt, dass ein Kind verschlafen hat oder aus einem anderen Grund zu spät im Kindergarten erscheint, sollte es wissen, wie es zu seiner Gruppe dazustoßen und auch an der Garderobe alles ordentlich verstauen kann, ohne die anderen zu stören.

Wer Ordnung hält …

Text und Musik: Heiner Rusche

CD-Track 3

„Auf den Haken, fertig, los!"

Refrain: Holterdiepolter! ...

3. Jacken, Mützen, Stiefel, Schals,
   alles auf dem Boden.
   Wo bloß meine Sachen sind?
   Hier unten oder dort oben?

4. So ein Durcheinander, seht,
   da findet man doch nichts.
   Finde nichts, was mach ich bloß,
   ja, wenn es dann nach draußen geht?

Refrain

5. Wo bloß meine Sachen sind?
   Wie blöd, ich find sie nicht.
   Wühle, suche, find sie nicht.
   „Kommt, helft mir alle mal geschwind!“

6. Ein Haken dort mit meinem Bild,
   es hängt nichts dran, nicht hier.
   Dafür hier am Boden wild
   liegt alles rum, wie dumm von mir.

Refrain

Spielidee zum Lied

Alter:
ab 4 Jahren
Material:
Jacken, Straßenschuhe, Schals und Mützen der Kinder

Die Kinder ziehen ihre Jacken an und holen ihre Straßenschuhe und gegebenenfalls ihre Schals und Mützen. Zurück im Gruppenraum, bilden sie einen Kreis und verteilen alles der Reihe nach im Innenkreis.

Holterdiepolter! Was liegt hier alles rum? Da liegen meine Sachen rum, pass auf, dass ich nicht stolper. Da hat doch jemand einen ganz blöden Spruch gerufen: „Wer aufräumt und wer Ordnung hält, der ist zu faul zum Suchen.“	*Im Rhythmus der Musik Hand in Hand im Uhrzeigersinn im Kreis herumgehen, danach die Hände lösen und stehen bleiben*
Wo sind meine Sachen hin? Als ob ich das nicht weiß! Auf den Haken gäbe Sinn, doch ich sie auf den Boden schmeiß.	*Mit den Achseln zucken, auf sich selbst deuten, die Jacke ausziehen und in Richtung Innenkreis werfen*
So ein Haufen vor der Tür, ist das ein Chaos hier. Kam das wohl allein dort hin? Nein, niemand kann etwas dafür.	*Eine Hand flach und waagrecht an die Stirn halten und in Richtung Innenkreis blicken, im Rhythmus der Musik mit den Achseln zucken, den erhobenen Zeigefinger vor der Brust hin- und herbewegen*
Holterdiepolter! …	*s. o.*

Jacken, Mützen, Stiefel, Schals, alles auf dem Boden. Wo bloß meine Sachen sind? Hier unten oder dort oben? So ein Durcheinander, seht,da findet man doch nichts. Finde nichts, was mach ich bloß, ja, wenn es dann nach draußen geht?	*Im Rhythmus der Musik erst in Richtung Kreismitte und dann wieder auf die Ausgangsposition zurückgehen, dabei eine gestreckte Hand waagrecht an die Stirn halten und so tun, als würde man nach den eigenen Sachen suchen*
Holterdiepolter! ...	*s. o.*
Wo bloß meine Sachen sind? Wie blöd, ich find sie nicht. Wühle, suche, find sie nicht. „Kommt, helft mir alle mal geschwind!“	*Eine Hand flach und waagrecht an die Stirn halten und in Richtung Innenkreis blicken. Zwei bis drei von der Spielleitung ausgewählte Kinder gehen in den Innenkreis, tun so, als würden sie dort nach ihren Sachen suchen, winken sich dazu gegenseitig herbei und gehen dann wieder auf ihre Plätze zurück*
Ein Haken dort mit meinem Bild, es hängt nichts dran, nicht hier. Dafür hier am Boden wild liegt alles rum, wie dumm von mir.	*Pantomimisch auf ein imaginäres Bild deuten, mit den Achseln zucken, eine Hand flach und waagrecht an die Stirn halten, in Richtung Innenkreis blicken und dann auf sich selbst deuten*
Holterdiepolter! ...	*s. o.*

Auf den Haken, fertig, los!

Alter:
ab 3 Jahren
Material:
Jacken der Kinder
Lied:
„Wer Ordnung hält ...“, s. S. 21ff.,
CD-Track 3

Dieses Spiel bietet sich für die alltägliche Situation an, in der die Kinder ihre Jacken an die Garderobe hängen und ihre Hausschuhe anziehen. Alle legen ihre Jacken – am besten kreuz und quer übereinander – auf den Boden. Die Spielleitung wählt drei Kinder aus und sagt laut die letzte Strophe des o. g. Liedes auf, die für dieses Spiel etwas abgeändert wird:

„Ein Haken dort mit deinem Bild.
Es hängt nichts dran, nicht hier.
Dafür hier am Boden wild,
liegt alles rum, nicht schön von dir!“

Daraufhin möchte sie von den betreffenden Kindern wissen, ob sie rasch ihre Jacken finden und an die Garderobe hängen können. Auf ein Kommando der Spielleitung hin laufen die drei nun los, um diese Aufgabe zu erfüllen. Haben alle drei dies geschafft, erhalten sie von der Gruppe einen kräftigen Applaus. Danach sind drei andere Kinder an der Reihe. Sobald alle Jacken an der Garderobe hängen, ist das Spiel beendet.

Laut oder leise

Text und Musik: Heiner Rusche

CD-Track 4

2. Ganz schön nah stehst du neben mir.
 Rede ganz normal, so verstehen wir ...

Refrain: Kannst du mich verstehn? ...

3. Kinder spiel’n, möchte sie nicht stör’n.
 Leise sag ichs dir. Nur du sollst es hör’n ...

Refrain

4. Sehr geheim beug ich mich zu dir.
 Psst, ich flüstre es nur für dich ins Ohr ...

Refrain

5. Redest du, wenn ich sprechen will,
 hab ich kein Problem, bin ich ganz schön still ...

Spielidee zum Lied

Die Kinder bilden einen Innen- und einen Außenkreis, und zwar so, dass sich stets zwei Kinder direkt gegenüberstehen und einander in die Augen blicken. Dann gehen die Kinder im Innenkreis rückwärts ein paar Schritte Richtung Kreismitte.

Alter:
ab 5 Jahren

Ganz weit weg, hinten seh ich dich. Rufe ich ganz laut, sonst verstehst du nichts …	*Eine Hand flach und waagrecht an die Stirn halten, dann die beiden Hände wie ein Megafon vor den Mund halten*
Kannst du mich verstehn? Wir werden sehn. Hallo, du! Hör mal zu! Hallo, du!	*Eine Hand ans Ohr halten, dann auf das Partnerkind deuten*
Ganz schön nah stehst du neben mir. Rede ganz normal, so verstehen wir …	*Einen großen Schritt aufeinander zugehen und gegenseitig auf sich deuten*
Kannst du mich verstehn? …	*s. o.*
Kinder spiel’n, möchte sie nicht stör’n. Leise sag ichs dir. Nur du sollst es hör’n …	*Sich ganz nah voreinander aufstellen und gegenseitig auf sich deuten*
Kannst du mich verstehn? …	*s. o.*
Sehr geheim beug ich mich zu dir. Psst, ich flüstre es nur für dich ins Ohr …	*Auf die Ohren des jeweils anderen deuten*
Kannst du mich verstehn? …	*s. o.*
Redest du, wenn ich sprechen will. Hab ich kein Problem, bin ich ganz schön still …	*Auf den Mund und dann auf die Ohren des jeweils anderen deuten*
Kannst du mich verstehn? …	*s. o.*

Variante:
Die einzelnen Strophen werden nur von der Spielleitung gesungen, der Refrain „Kannst du mich verstehn? …“ nur von den Kindern, allerdings von Strophe zu Strophe leiser werdend.

Ich bin ganz schön still

Alter:
ab 3 Jahren
Material:
Zauberstab
Lied:
„Laut oder leise“,
s. S. 26f., CD-Track 4

Die Kinder sitzen alle um den Tisch herum oder im Kreis und überlegen, wie man sich beim Betreten des Gruppenraums am besten verhält. Damit jeder dem anderen aufmerksam zuhört, nimmt die Spielleitung einen Zauberstab in die Hand und sagt die folgende Zeile des o. g. Liedes auf:

„Redest du, wenn ich sprechen will,
hab ich kein Problem, bin ich ganz schön still …“

Danach deutet sie auf eines der Kinder, das nun den Zauberstab überreicht bekommt und das Wort erhält. Das betreffende Kind erzählt der Gruppe z. B., dass man den Kindergarten am besten ohne Lärm zu machen, betreten sollte. Dann spricht die Spielleitung den Vers erneut und deutet auf ein weiteres Kind, das nun z. B. berichtet, dass man möglichst leise zur Garderobe gehen sollte, um dort die Jacke am Haken aufzuhängen. Wieder ein anderes Kind sagt z. B., dass man möglichst still die Straßenschuhe gegen die Hausschuhe austauschen und sie unter die Bank stellen sollte. Jedes Kind, das auf diese Weise etwas sagen möchte, erhält den Zauberstab von seinem Vorgänger bzw. seiner Vorgängerin und gibt ihn danach an das nächste Kind weiter. Das Spiel ist zu Ende, sobald sich alle Kinder, die das möchten, zu dem Thema äußern konnten.

Anklopfen und Hereinbitten

Alter:
ab 3 Jahren

Das folgende Spiel zeigt den Kindern, dass man nicht einfach in einem Raum „hineinplatzen“, sondern erst einmal vor der Türe stehen bleiben und anklopfen sollte.

Die Kinder bilden einen Stuhlkreis und stellen sich hinter ihren Stühlen auf. Nun tippt die Spielleitung einem der Kinder leicht auf die Schulter, das dann mit seinen Fingerknöcheln gegen die Stuhllehne klopft. Die übrigen Kinder rufen „Herein!“. Daraufhin betritt das Kind den Innenkreis und sagt laut: „Guten Morgen!“ Die übrigen Kinder erwidern den Gruß und warten ab, bis das Kind auf seinem Stuhl Platz genommen hat. Danach tippt die Spielleitung einem anderen Kind im Außenkreis auf die Schultern, das dann ebenfalls zuerst anklopft, nach dem „Herein!“ den anderen einen „Guten Morgen“ wünscht und sich danach auf seinen Stuhl setzt. Dies wird so lange fortgesetzt, bis alle Kinder im Morgenkreis Platz genommen haben.

Ich kann leise sein

Alter:
ab 3 Jahren

Bei diesem Spiel üben die Kinder, sich leise an einem Ort einzufinden, ohne jemand anderen dabei zu stören.

Alle stehen hinter ihren Stühlen im Stuhlkreis. Eines der Kinder geht nun leise einmal links im Außenkreis herum, betritt danach den Innenkreis und setzt sich wortlos auf seinen Stuhl. Danach ist dasjenige Kind an der Reihe, das links neben dem ersten Kind steht. Wenn alle dran waren und ganz leise im Stuhlkreis beieinander sitzen, ist das Spiel beendet.

Variante:
Sobald das Kind, das gerade an der Reihe ist, das Schweigen bricht, fängt das Spiel – diesmal mit einem anderen Kind – von vorne an.

Chaos vor dem Gruppenraum

Alter:
ab 3 Jahren
Material:
Triangel

Die Kinder stellen sich im Flur oder im Eingangsbereich der Kita – je nachdem, wo sich die Garderobe befindet – auf und schließen ihre Augen. Die Spielleitung sorgt nun für etwas Chaos, indem sie z. B. ein paar Jacken auf den Boden legt, mehrere Paar Schuhe mit den Schnürsenkeln an jeweils einen Kleiderhaken bindet oder eine Mütze auf ein Schuhregal legt.
Sobald die Spielleitung aber die Triangel anschlägt, öffnen alle Kinder ihre Augen. Wer von ihnen entdeckt nun ein Kleidungsstück, das nicht richtig aufgeräumt wurde? Das betreffende Kind meldet sich und darf nun eines dieser Kleidungsstücke ordentlich aufräumen. Danach kommt ein anderes Kind an die Reihe. Wenn alle Kleidungsstücke wieder an Ort und Stelle sind, ist das Spiel beendet.

Darf ich dir schnell behilflich sein?

Alter:
ab 3 Jahren
Material:
Eieruhr o. Ä.

Alle Kinder ziehen sich ihre Jacken und Schuhe an. Damit sich die Kinder innerhalb einer bestimmten Zeit draußen auf dem Spielgelände einfinden, setzt die Spielleitung eine Eieruhr o. Ä. ein. Die Aufgabe besteht nun darin, sich gegenseitig beim Anziehen behilflich zu sein – allerdings nur, wenn das Gegenüber vorher höflich gefragt wird, ob es ihm auch recht ist. Die Kinder fragen sich also z. B. gegenseitig: „Darf ich dir beim Schuhebinden helfen?“, „Kann ich dir in die Jacke helfen?", „Deine Mütze sitzt schief, soll ich sie geraderücken?". Diejenigen Kinder, die auf diese Weise gefragt werden, entscheiden dann selbst, ob sie die Hilfe annehmen oder es lieber alleine versuchen wollen. Die Spielleitung greift nur ein, wenn sich ein Kind z. B. bedrängt oder einfach nur missverstanden fühlt. Sie gibt den Kindern zwischendurch und mit Blick auf die Eieruhr auch an, wie viel Zeit ihnen noch bleibt oder ob sie sich etwas beeilen müssen.

Wir sind schnell und pünktlich

Alter:
ab 4 Jahren
Material:
Sandurh (1 Minute) o. Ä.

Bei diesem Spiel üben die Kinder, ihre Hausschuhe richtig anzuziehen und ihre Straßenschuhe ordentlich in das Schuhregal zu stellen. Und dies sollte auch zügig vonstattengehen, damit sich alle pünktlich im Gruppenraum einfinden, um z. B. miteinander im Morgenkreis zu starten und so den neuen Tag gemeinsam begrüßen zu können.
Dazu stehen sie im Eingangsbereich oder im Flur und ziehen ihre Straßenschuhe aus. Es dürfen immer zwei bis drei Kinder gleichzeitig versuchen, die Aufgabe zu meistern. Sie haben dafür genau eine Minute Zeit. Damit alle gleich viel Zeit für die Aufgabe zur Verfügung haben, stellt die Spielleitung eine Sanduhr auf den Boden. So können die Kinder auch selbst sehen, wie der Sand langsam durchrieselt, und bekommen ein Gefühl dafür, wie lange eine Minute dauert. Diejenigen Kinder, die es auf Anhieb in der vorgegebenen Zeit geschafft haben, erhalten einen kräftigen Applaus. Und diejenigen, die für die Aufgabe etwas länger

gebraucht haben, dürfen in der nächsten Spielrunde erneut ihr Glück versuchen. Das Spiel ist beendet, sobald alle Kinder wenigstens einmal an der Reihe gewesen sind.

Variante:
Dieses Spiel kann auch mit dem ordentlichen Aufhängen von Jacken an der Garderobe durchgeführt werden.

Pünktlich losgehen

Alter:
ab 3 Jahren
Material:
Sanduhr (1 Minute)

Die Kinder stellen sich im Eingangsbereich oder Flur der Kita mit etwas Abstand voneinander auf. Mit einer Sanduhr, die die Spielleitung für alle gut sichtbar auf den Boden stellt und dann umdreht, beginnt die Minute, in der die Kinder ihre Straßenschuhe anziehen. Wer von ihnen seine Schuhe noch nicht alleine binden kann, darf sich von einem anderen Kind oder der Spielleitung helfen lassen. Sobald der Sand durchgerieselt und somit die Zeit abgelaufen ist, schauen alle bei sich selbst nach, ob sie ihre Schuhe richtig anhaben oder nicht. Danach bilden sich Paare, die sich hintereinander aufstellen, damit die Gruppe pünktlich – z. B. für einen Spaziergang – die Einrichtung verlassen kann.

Tipp:
Es empfiehlt sich, das Spiel immer dann durchzuführen, wenn die Gruppe gemeinsam nach draußen geht, um einen Spaziergang oder Ausflug zu machen. So kann jedes der Kinder im Laufe der Zeit die Erfahrung machen, die Aufgabe gelöst zu haben.

„Bitte“, „danke“ und „Entschuldigung“

Höflich um etwas bitten, sich bedanken und entschuldigen

Erwachsene sind häufig der Meinung, dass Kinder schon von klein auf zu Höflichkeit erzogen werden sollten und dass sie in entsprechenden Situationen Wörter wie „bitte“, „danke“ oder „Entschuldigung“ gebrauchen sollten. Damit diese Wörter aber nicht nur als leere Floskeln ausgesprochen werden, sondern Ausdruck einer bestimmten Grundhaltung sind, sollte ehrliche Höflichkeit jeden Tag auch von den Erwachsenen vorgelebt und bestärkt werden. Je öfter Erwachsene im Beisein von Kindern in authentischen Situationen diese kleinen „Zauberwörter“ verwenden, desto schneller werden auch die Kinder sie verinnerlichen und dieses Verhalten übernehmen.
In diesem Kapitel lernen die Kinder in Spielen und Liedern die Bedeutung der kleinen „Zauberwörter“ ganz konkret kennen. Sie lernen von sich aus, „bitte“ und „danke“ zu sagen oder sich in Situationen, in denen es angebracht ist, bewusst zu entschuldigen und ihrem Gegenüber dabei wertschätzend und respektvoll zu begegnen.

Entschuldigung

Text und Musik: Heiner Rusche

CD-Track 5

2. Entschu-, schu-, schuldigung,
   das habe ich nicht so gemeint.
   Entschu-, schu-, schuldigung,
   es tut mir leid, dass du jetzt weinst.
3. Entschu-, schu-, schuldigung,
   Entschuldigung, ich war gemein.
   Entschu-, schu-, schuldigung,
   komm lass uns wieder fröhlich sein.

Spielidee zum Lied

Alter: ab 4 Jahren

Die Kinder bilden einen Innen- und einen Außenkreis, und zwar so, dass sich stets zwei Kinder direkt gegenüberstehen und einander ansehen.

Entschu-, schu-, schuldigung, Entschuldigung, es tut mir leid. Entschu-, schu-, schuldigung, ich weiß genau, das ging zu weit.	*Sich gegenseitig per Handschlag entschuldigen und einsichtig auf sich selbst deuten*
Entschu-, schu-, schuldigung, das habe ich nicht so gemeint. Entschu-, schu-, schuldigung, es tut mir leid, dass du jetzt weinst.	*Sich gegenseitig per Handschlag entschuldigen und einander trösten bzw. über die Schultern oder den Kopf streicheln*
Entschu-, schu-, schuldigung, Entschuldigung, ich war gemein. Entschu-, schu-, schuldigung, jetzt lass uns wieder fröhlich sein.	*Sich gegenseitig per Handschlag entschuldigen und einander herzlich umarmen oder mit beiden Händen einander abklatschen und fröhlich dreinblicken*

Ich entschuldige mich bei euch

Alle Kinder, bis auf eines, sitzen im Stuhlkreis. Sie singen die erste Strophe des o. g. Liedes:

„Entschu-, schu-, schuldigung,
Entschuldigung, es tut mir leid.
Entschu-, schu-, schuldigung,
ich weiß genau, das ging zu weit.“

Während alle singen, geht das einzelne Kind links im Innenkreis herum. Dabei entschuldigt es sich nacheinander so lange bei jedem anderen Kind einzeln und per Handschlag, bis die Strophe endet. Danach tauscht es mit demjenigen Kind den Platz, bei dem es in diesem Moment angekommen ist, und eine neue Spielrunde beginnt.

Alter:
ab 3 Jahren
Lied:
„Entschuldigung“, s. S. 35f., CD-Track 5

Zauberwort

Text und Musik: Heiner Rusche

CD-Track 6

Refrain: Gibt es das, ein Zauberwort …

2. „Hokuspokus Fidibus!“
   Wie heißt das Zauberwort?
   Versuchs mal so: „Ich will, mach hin!“
   Hat nicht geklappt, gibt keinen Sinn.

3. „Hokuspokus Fidibus!“
   Wie heißt das Zauberwort?
   Versuchs mal so: „Ich will sofort!“
   Hat nicht geklappt, kein Zauberwort.

Refrain

4. „Hokuspokus Fidibus!“
   Wie heißt das Zauberwort?
   „Ich möchte gern“ und „bitte schön“.
   Ein Lächeln wird auch gern gesehn.

5. Freundlich lächeln, das kommt an,
   ist keine Zauberei.
   Schon „bitte“, „danke“ zeigen dann,
   was ich damit erreichen kann.

Refrain

Spielidee zum Lied

Alter:
ab 5 Jahren
Material:
ein Zauberstab oder Chiffontuch je Kind

Die Kinder bilden einen Kreis.

Gibt es das, ein Zauberwort, womit man zaubern kann? „Hex, hex“, das wäre wunderbar, und Wünsche werden wahr.	*Sich am Kopf kratzen und dabei nachdenklich dreinschauen, dann im Takt der Musik den Zauberstab bzw. das Chiffontuch hin- und herschwingen*
„Hokuspokus Fidibus!“ Wie heißt das Zauberwort? Versuchs mal so: „Flott, flott, los ran!“ Hat nicht geklappt, fang nochmal an.	*Im Rhythmus der Musik den Zauberstab bzw. das Chiffontuch hin- und herschwingen, sich dann am Kopf kratzen und dabei nachdenklich dreinschauen. Danach im Rhythmus der Musik auf den Boden stampfen und enttäuscht mit den Achseln zucken*
Gibt es das, ein Zauberwort ...	*s. o.*
„Hokuspokus Fidibus!“ Wie heißt das Zauberwort? Versuchs mal so: „Ich will, mach hin!“ Hat nicht geklappt, gibt keinen Sinn.	*s. o.*
„Hokuspokus Fidibus!“ Wie heißt das Zauberwort? Versuchs mal so: „Ich will sofort!“ Hat nicht geklappt, kein Zauberwort.	*s. o.*

Gibt es das, ein Zauberwort ...	*s. o.*
„Hokuspokus Fidibus!“ Wie heißt das Zauberwort? „Ich möchte gern“ und „bitte schön“. Ein Lächeln wird auch gern gesehn.	*Im Rhythmus der Musik den Zauberstab bzw. das Chiffontuch hin- und herschwingen, sich dann am Kopf kratzen und dabei nachdenklich dreinschauen. Danach auf sich selbst deuten und schließlich einen Arm in Richtung Kreismitte strecken, so, als würde man etwas Schönes übergeben, dabei fröhlich dreinschauen*
Freundlich lächeln, das kommt an, ist keine Zauberei. Schon „bitte“, „danke“ zeigen dann, was ich damit erreichen kann.	*Bei „‚bitte‘, ‚danke‘“ voller Freude erst den linken und dann den rechten Arm in die Luft strecken, dann den Daumen bestätigend nach oben strecken*
Gibt es das, ein Zauberwort ...	*s. o.*

„Hokuspokus Fidibus“

Alter: ab 4 Jahren
Material: Zauberstab
Lied: „Zauberwort“, s. S. 37f., CD-Track 6

Alle Kinder bis auf eines sitzen im Kreis. Das einzelne Kind stellt sich mit einem Zauberstab in der Hand in die Kreismitte. Dann singt die Gruppe den Refrain des o. g. Lieds:

„Gibt es das, ein Zauberwort,
womit man zaubern kann?
‚Hex, hex‘, das wäre wunderbar,
und Wünsche werden wahr.“

Das Kind schwenkt nun den Zauberstab hin und her und fügt die ersten beiden Zeilen der darauf folgenden 1. bis 4. Strophe hinzu:

„‚Hokuspokus Fidibus‘!
Wie heißt das Zauberwort?“

Dabei deutet es links im Kreis herum nacheinander bei jeder Silbe auf eines der Kinder. Dasjenige Kind, auf das es als Letztes zeigt, darf nun etwas Freundliches, wie z. B. „bitte!“, „danke!“, „Entschuldigung!“ oder „Lieb von dir!“, sagen. Danach tauschen diese beiden Kinder ihre Plätze und eine neue Spielrunde beginnt.

Bitte! Du bist daran!

Alter:
ab 3 Jahren
Material:
Handschmeichler

Die Kinder sitzen im Stuhlkreis. Eines von ihnen erhält von der Spielleitung einen Handschmeichler, den es seinem linken Nachbarn übergibt. Dabei sagt es laut „bitte!“. Das Kind, das nun den Handschmeichler hält, bedankt sich und erhält das Wort. Es darf erzählen, was es gestern gemacht hat oder z. B. wie es sich gerade fühlt. Die übrigen Kinder hören aufmerksam zu. Danach übergibt es den Handschmeichler auf die oben beschriebene Weise seinem linken Sitznachbarn, der sich hierfür bedankt und dann selbst zu erzählen beginnt. Auf diese Weise geht es immer weiter, bis alle Kinder an der Reihe waren.

Tipp:
Wenn sich ein Kind nicht äußern möchte, bedankt es sich einfach „nur“ für den Handschmeichler und übergibt diesen dann seinem linken Sitznachbarn. Dabei sagt es ebenfalls laut „bitte!“.

Ich bedanke mich

Alter: ab 3 Jahren
Material: Päckchen Papiertaschentücher

Die Kinder stehen im Kreis. Eines von ihnen erhält von der Spielleitung ein Päckchen Papiertaschentücher. Ein anderes Kind, das ebenfalls von ihr ausgewählt wird, tut so, als hätte es Schnupfen und bräuchte ein Taschentuch. Das erstgenannte Kind geht nun auf das betreffende Kind zu, bleibt vor ihm stehen, reicht ihm das Päckchen Papiertaschentücher und sagt laut: „bitte!“ oder „bitteschön!“. Das „erkältete“ Kind bedankt sich und nimmt sich ein Papiertaschentuch aus dem Päckchen.
Danach schlüpfen zwei andere Kinder in diese Rollen und spielen die Szene auf die gleiche Weise nach. Das Spiel ist beendet, sobald alle Kinder an der Reihe gewesen sind.

Ich entschuldige mich, wenn ...

Alter: ab 3 Jahren
Material: viele Murmeln, Kieselsteine o. Ä.

Das folgende Spiel ist an das bekannte Spiel „Alle Vögel fliegen hoch!“ angelehnt. Alle Kinder sitzen um einen Tisch herum. Die Spielleitung streckt eine Hand nach vorne aus und sagt z. B.: „Ich entschuldige mich, wenn ich jemandem wehgetan habe.“ Diejenigen Kinder, die diese Meinung teilen, strecken ebenfalls eine Hand nach vorne aus. Ansonsten bleiben die Kinder einfach ruhig sitzen. Die Spielleitung übergibt nun jedem Kind, das richtig reagiert hat, eine Murmel und formuliert dann einen neuen Satz, bei dem die

Kinder erneut entscheiden können, ob er stimmt oder nicht. Das Spiel geht so lange weiter, bis alle Kinder mindestens sechs Murmeln vor sich liegen haben.

Weitere Beispiele

Ich entschuldige mich, wenn ich ...
... zu spät in die Turnstunde komme.
... deinen Holzturm umgeworfen habe.
... dich nicht zu Wort kommen habe lassen.

Es tut mir leid!

Alter:
ab 3 Jahren

Alle Kinder sitzen im Kreis und zwar mit dem Rücken zur Kreismitte. Die Spielleitung steht im Innenkreis und tippt einem der Kinder auf den Rücken. Das Kind gibt jedoch vor zu schmollen und dreht sich deshalb nicht gleich um. Die Spielleitung sagt nun laut „Entschuldigung“. Daraufhin wendet sich das Kind der Spielleitung zu und dreht seinen Stuhl in Richtung Kreismitte um. Diese reicht ihm die Hand und sagt dabei laut: „Es tut mir leid!“ In der nächsten Spielrunde übernimmt nun dieses Kind die Rolle desjenigen, der sich bei einem weiteren Kind entschuldigt. Das Spiel wird so lange fortgesetzt, bis alle Kinder an der Reihe waren und mit Blickrichtung zur Kreismitte sitzen.

Ich bitte um Verzeihung

Alter:
ab 4 Jahren

Alle Kinder stehen im Kreis und geben vor, gekränkt, beleidigt oder einfach sehr traurig zu sein. Sie zeigen ihre Gefühle durch ihre Körperhaltung und ihren Gesichtsausdruck, indem sie z. B. mit herabhängenden Mundwinkeln ihren Blick zu Boden senken oder mit

herabhängenden Schultern oder mit vor der Brust verschränkten Armen dastehen.
Die Spielleitung stellt sich nun zwischen zwei Kinder und wendet sich demjenigen Kind zu, das links neben ihr steht. Sie streckt ihm die Hand entgegen und sagt laut: „Es tut mir leid! Bitte verzeih mir!“ Daraufhin schaut das betreffende Kind die Spielleitung an und lächelt dabei zufrieden. Es nimmt die Entschuldigung an und setzt das Spiel fort, indem es sich auf die gleiche Weise bei dem links von ihm stehenden Kind entschuldigt. Das Spiel ist zu Ende, sobald alle Kinder jemanden um Verzeihung bitten konnten.

Ich bitte um Entschuldigung

Alter: ab 3 Jahren
Material: Augenbinde

Die Kinder bilden einen Stuhlkreis. Eines von ihnen steht auf, stellt sich in die Kreismitte und lässt sich von der Spielleitung die Augen verbinden. Nun dreht es sich ein- bis zweimal um die eigene Achse und sucht dann seinen Stuhl. Sobald es jedoch dabei eines der Kinder im Stuhlkreis berührt, sagt es laut „Entschuldigung!“. Das betreffende Kind kann dann z. B. sagen: „Kein Problem! Es ist nichts passiert!“ Wenn das Kind seinen eigenen Stuhl gefunden und Platz genommen hat, nimmt es die Augenbinde ab. Danach kommt ein anderes Kind an die Reihe. Nach ein paar Durchgängen ist das Spiel beendet.

„Jeder weiß, das sagt man nicht …“

Mit Schimpfwörtern und eigenen Gefühlen richtig umgehen

Es gibt Tage, da läuft es in der Kita-Gruppe einfach nicht rund. Es wird geschimpft und herumgenörgelt, was das Zeug hält. Obwohl jüngere Kinder in der Regel die Bedeutung von Schimpfwörtern noch nicht kennen, merken sie schnell, dass sie damit nicht nur ihren Frust zeigen, sondern auch Groß und Klein provozieren und auf diese Weise viel Aufmerksamkeit erhalten können. Verbote bringen hier meist nicht den gewünschten Erfolg. Besser ist es, wenn die Kinder verstehen lernen, weshalb es nicht in Ordnung ist, solche „bösen Wörter“ zu benutzen.
In diesem Kapitel erfahren die Kinder auf spielerische und musikalische Weise, dass „Schimpfwort-Ausrutscher“ zwar passieren können, dass es aber von den anderen Menschen nicht akzeptiert wird, wenn man sich grundsätzlich rüde und derb ausdrückt. Sie lernen auch, welche Bedeutung und Wirkung Schimpfwörter auf andere Menschen haben können, und umgekehrt, wie sie sich von anderen, die sich ihnen gegenüber negativ verhalten, abgrenzen können.

Das sagt man nicht

Text und Musik: Heiner Rusche

CD-Track 7

2. Beim Kochen dann, ein großer Schreck,
das Fett, es spritzt, ein dicker Fleck.
Die Mama schimpft und flucht und weint:
„Was mach ich nur, der geht nie weg.
Die neue Bluse, die schöne weiße.
Das geht nie raus. So 'ne …!“

Refrain: Jeder weiß, das sagt man nicht! …

3. Für Jan, mein' Freund, kam's knüppeldick,
mit Papas Rad – ein Missgeschick.
Da war ein Baum, das hat gekracht.
Das Vorderrad hat eine Acht.
Er weint und wird ganz kreideweiß:
„Was mach ich nur? So ein …!“

Refrain

4. Wie dumm von mir, ja, ja, ich weiß.
Was bin ich blöd, der Topf ist heiß.
Und trottelig, wie ich so bin,
fass ich ihn an, greif kräftig hin.
Es brennt. Es schmerzt. Was ist das heiß!
Ich schreie, fluche: „So ein …!“

Refrain

Aber das sagt man nicht!

Spielidee zum Lied

Alter: ab 5 Jahren

Die Kinder bilden einen Kreis.

Selbst ist der Mann, das Werkzeug her. Der Nagel muss hier in die Wand. Der Papa schlägt und trifft ganz schwer den Finger seiner linken Hand. Er flucht und tobt, hier der Beweis: Auch Papas fluchen: „So ein …!“	*Pantomimisch so tun, als würde man einen Nagel in die Wand schlagen und dabei den Finger der linken Hand mit dem Hammer treffen, dann im Takt der Musik wütend auf den Boden stampfen*
Jeder weiß, das sagt man nicht! Jeder sagts, ich wunder mich. Das sagt man nicht, ja, ja, ich weiß. Doch alle fluchen: „So ein …!“	*Auf jedes einzelne Kind im Kreis deuten, im Takt der Musik mit den Achseln zucken, den erhobenen Zeigefinger hin- und herbewegen, auf sich selbst deuten und zuletzt einmal wütend auf den Boden stampfen*

Beim Kochen dann ein großer Schreck, das Fett, es spritzt, ein dicker Fleck. Die Mama schimpft und flucht und weint: „Was mach ich nur, der geht nie weg. Die neue Bluse, die schöne weiße. Das geht nie raus. So ’ne …!“	*Auf den eigenen Pullover, das eigene Hemd oder T-Shirt deuten, mit den Zeigefingern Tränen auf den Wangen andeuten, sich am Kopf kratzen und dabei nachdenklich dreinblicken, zuletzt im Takt der Musik wütend auf den Boden stampfen*
Jeder weiß …	*s. o.*
Für Jan, mein’ Freund, kam’s knüppeldick, mit Papas Rad – ein Missgeschick. Da war ein Baum, das hat gekracht. Das Vorderrad hat eine Acht. Er weint und wird ganz kreideweiß: „Was mach ich nur? So ein …!“	*Sich auf den Boden setzen und mit den Füßen in der Luft radeln, mit dem Zeigefinger eine liegende Acht in der Luft schreiben, wieder aufstehen, mit den Zeigefingern Tränen auf den Wangen andeuten, sich am Kopf kratzen und dabei nachdenklich dreinblicken. Zum Schluss im Takt der Musik wütend auf den Boden stampfen*
Jeder weiß …	*s. o.*

Wie dumm von mir, ja, ja, ich weiß. Was bin ich blöd, der Topf ist heiß. Und trottelig, wie ich so bin, fass ich ihn an, greif kräftig hin. Es brennt. Es schmerzt. Was ist das heiß! Ich schreie, fluche: „So ein …!“	*Auf sich selbst deuten, im Rhythmus der Musik mit dem Zeigefinger auf die Stirn tippen, so tun, als würde man einen Topf mit beiden Händen anfassen und dann schnell die Hände wieder wegziehen, auf die beiden Handflächen pusten und zuletzt im Takt der Musik wütend auf den Boden stampfen*
Jeder weiß …	*s. o.*
Aber das sagt man nicht!	*Den erhobenen Zeigefinger hin- und herbewegen*

Wie dumm von mir!

Alter:
ab 4 Jahren
Material:
ein Stuhl, der sich von den übrigen Stühlen unterscheidet
Lied:
„Das sagt man nicht“, s. S. 46ff., CD-Track 7

Die Kinder bilden einen Stuhlkreis. Dazwischen stellt die Spielleitung einen Stuhl, der sich von den anderen Stühlen auf irgendeine Weise unterscheidet. Eines der Kinder setzt sich nun auf diesen Stuhl, um von dort aus über ein Missgeschick, das ihm am vor kurzem oder schon vor längerer Zeit einmal widerfahren ist, zu erzählen. Es sollte sich dabei um ein Ereignis handeln, dass für das Kind so ärgerlich war, dass es deshalb sogar fluchen oder laut schimpfen musste. Die übrigen Kinder hören gut zu und singen dann den Refrain des o. g. Liedes:

„Jeder weiß, das sagt man nicht!
Jeder sagts, ich wunder mich.
Das sagt man nicht, ja, ja, ich weiß.
Doch alle fluchen: „So ein …!“

Danach tauscht das Kind seinen Platz mit einem anderen Kind, das sich zu Wort gemeldet hat und jetzt auf die gleiche Weise „aus dem Nähkästchen plaudert“. Das Spiel ist zu Ende, wenn jedes Kind, das etwas erzählen möchte, an der Reihe war.

Rücksicht kennt er nicht

Text und Musik: Heiner Rusche

CD-Track 8

2. Mit Absicht tut er weh,
denkt immer nur an sich.
Hat Röte im Gesicht,
wenn er vor Wut ausbricht.

Refrain: Was für ein Bösewicht …

3. Hat Spaß, beleidigt dich,
wenn er mal mit dir spricht.
Und eine andere Sicht,
die interessiert ihn nicht.

Refrain

4. Auf Vorteil nur erpicht,
erfüllt er keine Pflicht.
Auf niemand und auf nichts,
er nimmt keine Rücksicht.

Refrain

Spielidee zum Lied

Alter:
ab 5 Jahren

Die Kinder bilden einen engen Kreis.

Auf niemand und auf nichts, er nimmt keine Rücksicht. Und Vorsicht kennt er nicht und bricht, was er verspricht.	*Den rechten und linken Nachbarn mit den Schultern leicht anrempeln, im Rhythmus der Musik den erhobenen Zeigefinger hin- und herbewegen und dann mit dem Daumen nach unten zeigen*
Was für ein Bösewicht, Rücksicht kennt er nicht.	*Im Takt der Musik mit den Händen auf die Oberschenkel patschen, zum Schluss einmal kräftig auf den Boden stampfen*

Mit Absicht tut er weh, denkt immer nur an sich. Hat Röte im Gesicht, wenn er vor Wut ausbricht.	*Sich pantomimisch in den Arm zwicken und im Takt der Musik mit beiden Händen gleichzeitig auf die Wangen patschen*
Was für ein Bösewicht …	*s. o.*
Hat Spaß, beleidigt dich, wenn er mal mit dir spricht. Und eine andere Sicht, die interessiert ihn nicht.	*Auf ein anderes Kind zeigen, mit den Händen vor den Augen ein Guckloch bilden und durchschauen und am Ende mit einer abwertenden Geste abwinken*
Was für ein Bösewicht …	*s. o.*
Auf Vorteil nur erpicht, erfüllt er keine Pflicht. Auf niemand und auf nichts, er nimmt keine Rücksicht.	*Im Takt der Musik den erhobenen Zeigefinger hin- und herbewegen, die Hände in die Hüften stemmen und dann die angewinkelten Arme hin- und herbewegen*
Was für ein Bösewicht …	*s. o.*

Was für ein Bösewicht

Alle Kinder bis auf eines stehen Hand in Hand im Kreis. Das einzelne Kind steht in der Kreismitte. Auf ein Kommando der Spielleitung hin soll es versuchen, den Kreis aufzubrechen, indem es möglichst schnell zwischen zwei der Kinder hindurchläuft und dann versucht, sich zwischen diese beiden Kinder zu stellen. Die Gruppe versucht jedoch, dies zu verhindern, indem sich alle fest an den

Alter:
ab 5 Jahren
Lied:
„Rücksicht kennt er nicht“, s. S. 51f., CD-Track 8

Händen halten. Unabhängig davon, ob das Durchbrechen gelingt oder nicht, singt die Gruppe dann den Refrain des o. g. Liedes:

„Was für ein Bösewicht.
Rücksicht kennt er nicht.“

Zum Schluss möchte die Spielleitung von den Kindern wissen, ob es noch andere Möglichkeiten gibt, um auf der Kreisbahn seinen Platz zu finden. So könnte das Kind in der Kreismitte einfach zwei Kinder fragen, ob es sich zwischen sie stellen darf, oder es kann einfach die gesamte Gruppe bitten, den Kreis ohne Handfassung etwas zu vergrößern. Ziel ist es, dass die Kinder gute alternative Lösungen finden und dass sie erkennen, dass egoistisches und rücksichtsloses Verhalten nicht toleriert wird.

Frag doch einfach mal

Alter:
ab 3 Jahren
Material:
Handtrommel; je ein kleines Spielzeug für die Hälfte der Kinder (z. B. Plastikauto, Püppchen, Softball); vier Markierungskegel

Die Spielleitung teilt an die Hälfte der Kinder Spielsachen aus. Danach schlägt sie die Trommel in einem langsamen Rhythmus und die Kinder spazieren dazu in einem übersichtlichen, vorher mit Kegeln markierten Spielfeld umher. Stoppt das Trommelspiel, bleiben alle Kinder stehen. Diejenigen von ihnen, die kein Spielzeug haben, suchen sich jeweils einen Spielpartner mit Spielzeug und fragen ihn höflich, ob sie das Spielzeug haben können. Die Frage wird bejaht und das Spielzeug wechselt den Besitzer. Sollte jemandem das Spielzeug ohne zu fragen aus den Händen gerissen werden, darf dieses Kind Hilfe holen und das betreffende Kind zurechtweisen. Danach findet eine weitere Spielrunde statt.

Rücksichtslos? Nein danke!

Alter:
ab 4 Jahren

Alle Kinder bis auf eines sitzen in einem engen Stuhlkreis. Auf ein Kommando der Spielleitung hin darf sich das einzelne Kind einen weiteren Stuhl holen, um ihn dann auf der Kreisbahn zwischen die anderen Stühle zu quetschen. Sobald das Kind dies geschafft hat und ganz eng zwischen zwei der Kinder sitzt, ruft die Gruppe laut: „Du bist rücksichtslos! So geht das nicht!“
In der nächsten Spielrunde fragt dasselbe Kind höflich zwei Kinder, die nebeneinander im Stuhlkreis sitzen, ob es seinen Stuhl zwischen deren Stühle stellen darf. Die beiden Kinder bejahen die Frage und die Gruppe erweitert den Kreis um einen Platz. Am Ende bespricht die Gruppe, dass es viel besser ist, sich rücksichtsvoll anstatt rücksichtslos zu verhalten, um seine Ziele zu erreichen.

Ich mag das nicht!

Alter:
ab 4 Jahren
Material:
Ball; Handtrommel

Die Kinder sitzen im Kreis auf dem Boden und rollen sich so lange gegenseitig einen Ball zu, bis die Spielleitung einmal kräftig trommelt und sagt:

„Kennst du ein Schimpfwort, das du nicht magst?
Kennst du ein Schimpfwort, das du uns jetzt sagst?“

Dasjenige Kind, vor dem der Ball in diesem Moment liegt, darf der Gruppe nun ein Schimpfwort nennen, das es richtig blöd findet. Die Spielleitung möchte von den übrigen Kindern wissen, ob sie das genannte Wort kennen und es für genauso schlimm halten wie sie selbst. Danach beginnt eine neue Spielrunde. Nach mehreren Durchgängen besprechen die Kinder, weshalb Schimpfwörter nicht nur in der Gruppe tabu sein sollten.

„Du blöde Kuh“

Alter:
ab 3 Jahren
Material:
zwei Handpuppen

Die Spielleitung übergibt einem der schon etwas älteren Kinder eine Handpuppe und behält selbst eine weitere bei sich. Beide stellen sich nun mit ihren Handpuppen vor die Gruppe, die im Halbkreis beisammensitzt. Es beginnt ein kleines Rollenspiel, bei dem die beiden Handpuppen miteinander streiten und sich auch gegenseitig beschimpfen. Dabei können Sätze, wie z. B. „Du blöde Kuh“ oder „Du bist doof und nicht mehr mein Freund!“, fallen.

Nach einer Weile beendet die Spielleitung das Rollenspiel, indem sie sich mit ihrer Handpuppe abwendet und einfach weggeht.

Anschließend findet eine Diskussionsrunde statt. Die Kinder dürfen die Eindrücke, Empfindungen und Gedanken, die sie während des von ihnen beobachteten Streits hatten, der Reihe nach wiedergeben und überlegen, warum es besser ist, sich nicht gegenseitig zu beschimpfen.

So bitte nicht!

Alter:
ab 5 Jahren

Die Kinder bilden einen Kreis. Eines der Kinder wendet sich seinem linken Nachbarn zu. Es sagt z. B. laut zu ihm: „Du dumme Kuh!“ Das beschimpfte Kind wendet sich von ihm ab und hält sich dabei mit beiden Händen die Ohren zu. Danach übernimmt dieses Kind die Rolle des Beleidigers und beschimpft seinerseits das Kind links neben ihm, das wiederum mit der gleichen Geste – wegdrehen und sich die Ohren zuhalten – auf dieses schlechte Benehmen reagiert. Dies geht reihum so lange weiter, bis alle einmal dran waren. Danach darf ein anderes Kind eine neue Spielrunde starten, indem es z. B. „Du bist blöd!“ zu dem links neben ihm stehenden Kind sagt. Nach ein paar Spielrunden macht die Spielleitung den Kindern bewusst, weshalb es manchmal besser sein kann, nicht auf jedes böse Wort einzugehen, sondern es lieber einfach zu ignorieren.

Das ist nur blöd!

Alter:
ab 4 Jahren

Zwei Kinder stehen vor der Gruppe und machen pantomimisch eine negative Verhaltensweise vor, die ihnen die Spielleitung vorher ins Ohr geflüstert hat. Das kann z. B. schlagen, beißen, kratzen, sich anrempeln oder sich gegenseitig anbrüllen sein. Die übrigen Kinder beobachten alles genau und versuchen zu erraten, auf welche Weise die beiden da gerade ihren Konflikt lösen wollen. Wurde die richtige Antwort gegeben, rufen alle laut: „Das ist nur blöd!“ Nach diesem Muster finden danach noch ein paar Rate-Runden statt.
Nach jeder Spielrunde überlegen die Kinder zudem, was man tun kann, um einen Konflikt friedlich zu lösen. Eine Möglichkeit kann es z. B. sein, eine Nacht darüber zu schlafen oder durch Sportmachen erst einmal Dampf abzulassen, um danach in aller Ruhe miteinander reden zu können.

„Lass mich mal ausreden, bitte!“

Andere zu Wort kommen lassen und aufmerksam zuhören

Manche Kinder haben ein sehr großes Mitteilungsbedürfnis und fallen anderen ständig ins Wort, egal, worum es gerade geht. Jüngere Kinder tun sich erfahrungsgemäß noch schwer, den passenden Zeitpunkt abzuwarten, um das, was sie mitteilen wollen, auch sagen zu können. Sie denken nämlich oft, sie könnten es bis dahin vergessen haben. Für die bereits etwas älteren Kinder stellt dies meist kein Problem mehr dar. Und die Älteren können es auch schon nachvollziehen, dass es unhöflich ist, andere Menschen beim Sprechen zu unterbrechen.
In diesem Kapitel wird gezeigt, wie Kinder spielerisch und musikalisch lernen können, sich an Gesprächsregeln zu halten. Indem sie sich gegenseitig aufmerksam zuhören und aussprechen lassen, nehmen sie einander auch ernst, erweitern ihren Wortschatz und entwickeln so ihre Sprache weiter. Die nachfolgenden Praxisideen zeigen ihnen ferner, wie sie Raum dafür gewinnen können, so manches, was ihnen besonders am Herzen liegt, zu erzählen. Dabei können sie zudem die von den anderen Kindern geschilderten Erfahrungen und Erlebnisse aufmerksam verfolgen, an ihnen teilhaben und die Meinung der anderen respektieren lernen.

Du hörst mir nicht zu

Text und Musik: Heiner Rusche

CD-Track 9

2. Oje, oje, so geht das nicht.
   So wirst du’s nie kapier’n.
   Versuchs mit Hören und Verstehn,
   dann wird es besser gehn.

Zwischenspiel: Ich frage mich …

Refrain: „Interessiert mich nicht …

3. Okay, okay, mir reichts, ich geh.
   Du willst es nicht verstehn.
   Du hörst mir sowieso nicht zu.
   Dann kann ich auch gleich gehn.

Spielidee zum Lied

Alter: ab 4 Jahren

Die Kinder bilden einen Innen- und einen Außenkreis, und zwar so, dass sich jeweils zwei Kinder direkt gegenüberstehen und einander ansehen.

Egal, was ich dir sagen will, du schaust ganz einfach fort. Du hörst mir sowieso nicht zu und fällst mir gleich ins Wort.	*Auf das Partnerkind deuten, den Kopf zur Seite drehen, eine Hand ans Ohr halten und schließlich wieder auf das Partnerkind deuten*
Ich frage mich, wie sag ich's bloß. Doch du, du legst gleich los:	*Erst auf sich selbst und dann auf das Partnerkind deuten*
„Interessiert mich nicht, das will ich nicht! Ich höre dir nicht zu. Wie langweilig, das mag ich nicht! Ich höre dir nicht zu.“	*Im Takt der Musik auf die Oberschenkel patschen und sich dabei so lange im Uhrzeigersinn um die eigene Achse drehen, bis man wieder vor seinem Spielpartner steht, auf den man dann deutet*
Oje, oje, so geht das nicht. So wirst du's nie kapier'n. Versuchs mit Hören und Verstehn, dann wird es besser gehn.	*Im Takt der Musik auf den Boden stampfen, auf das Partnerkind deuten und dabei eine Hand ans Ohr halten*
Ich frage mich …	*Erst auf sich selbst und dann auf das Partnerkind deuten*
„Interessiert mich nicht …	*s. o.*
Okay, okay, mir reichts, ich geh. Du willst es nicht verstehn. Du hörst mir sowieso nicht zu. Dann kann ich auch gleich gehn.	*Im Takt der Musik auf die Oberschenkel patschen und dabei auf der Stelle gehen*

Den Spielball abgeben

Alter: ab 5 Jahren
Material: Softball
Lied: „Du hörst mir nicht zu“, s. S. 59f., CD-Track 9

Sich nicht alles gefallen zu lassen und Grenzen zu setzen, das können die Kinder so üben: Alle sitzen zunächst im Stuhlkreis und stehen danach auf. Eines der Kinder holt sich nun einen Softball. Die Gruppe singt dann evtl. mehrmals hintereinander den Refrain des o. g. Liedes:

„Interessiert mich nicht, das will ich nicht!
Ich höre dir nicht zu.
Wie langweilig, das mag ich nicht!
Ich höre dir nicht zu.“

Während der Refrain gesungen wird, wandert der Ball von Hand zu Hand links im Kreis herum. Jedes Mal, wenn ein Kind den Ball übergeben hat, dreht es sich mit dem Rücken zur Kreismitte. Wenn jeder mit dem Rücken in Richtung Kreismitte steht, drehen sich alle wieder um und setzen sich auf ihre Stühle. Nun tauschen sich die Kinder darüber aus, wie man anders und besser miteinander umgehen und miteinander reden kann.

Quasselstrippen-Wortsalat

Text und Musik: Heiner Rusche

CD-Track 10

E
G
1. Re - den mäch - tig durch - ein - an - der, quas - seln
D
im - mer - fort. Da - zu sind sie viel zu laut.
A
C
Ich ver - steh kein Wort. Je - der
G
weiß was, je - der sagt was, kei - ner hört mehr zu.
h
H
Ich ver-steh nur Bahn - hof und das klingt so:
Refrain 2
A
„Blub - bel, blub - bel, blub - bel, blub - bel, blub-bel, blub-bel, blab.
E
Blu - bel, blub - bel, blub - bel, blub - bel, blab.
A
Blub - bel, blub - bel, blub - bel, blub - bel, blub-bel, blub-bel, blab.
H
Blub - bel, blub - bel, blub - bel, blub - bel, blub-bel, blub-bel, blab.“

Refrain 1: Quasselstrippen quasseln viel ...

2. Reden, reden, viel zu viel.
Hört noch jemand zu?
Hören nicht, verstehen nicht,
quasseln immerzu.
Jeder weiß was, jeder sagt was,
keiner hört mehr zu.
Ich versteh nur Bahnhof
und das klingt so:

Refrain 2: „Blubbel, blubbel, blubbel ...“

Refrain 1

3. Viele Worte, wild gemischt,
durcheinander wie
Quasselstrippen-Wortsalat,
den ich gar nicht mag.
Jeder weiß was, jeder sagt was ...

Refrain 2

Spielidee zum Lied

Alter:
ab 3 Jahren

Die Kinder bilden einen Kreis.

Zum Refrain 1:
Mit den Händen vor dem Mund einen „Schnabel“ bilden, den „Schnabel“ unaufhörlich auf- und zumachen und sich im Takt der Musik um die eigene Achse drehen

Zum Refrain 2:
Bei „Blubbel, blubbel, blubbel ...“ im Takt der Musik gleichzeitig gegen jeweils eine Handfläche des linken und des rechten Nachbarn klatschen

Zu den Strophen:
Den „Schnabel“ zu Beginn unaufhörlich auf- und zumachen, im Takt der Musik auf den Boden stampfen und sich dabei die Ohren zuhalten

Wer ist da so laut?

Alter:
ab 4 Jahren
Lied:
„Quasselstrippen-Wortsalat“, s. S. 62ff., CD-Track 10

Alle Kinder sitzen im Stuhlkreis. Die Spielleitung geht leise links im Außenkreis herum, während die Gruppe den Refrain 1 des o. g. Liedes singt:

„Quasselstrippen quasseln viel,
quasseln viel zu viel zu viel.
Reden selten miteinander,
dafür lieber durcheinander.“

Dabei schließen alle ihre Augen. Die Spielleitung tippt nun heimlich zwei Kindern auf die Schulter, die daraufhin ihre Augen öffnen und dann, während die anderen noch den Refrain 1 singen, gleichzeitig den Refrain 2 aufsagen:

„Blubbel, blubbel, blubbel, blubbel, blubbel, blubbel, blab.
Blubbel, blubbel, blubbel, blubbel, blab.
Blubbel, blubbel, blubbel, blubbel, blubbel, blubbel, blab.
Blubbel, blubbel, blubbel, blubbel, blubbel, blubbel, blab.“

Sollte eines der anderen Kinder vermuten, dass es direkt neben den beiden „Quasselstrippen“ sitzt, meldet es sich per Handzeichen. Auf die Aufforderung der Spielleitung hin öffnen nun alle Kinder ihre Augen und die beiden gesuchten Kinder geben sich zu erkennen, indem sie kurz aufstehen. Anschließend besprechen die Kinder, warum sie es als unhöflich und störend empfinden, wenn jemand nicht zuhört oder alle einfach nur wild durcheinanderreden.

Psst! Bitte leise sein!

Alter:
ab 3 Jahren
Material:
Handtrommel; Handschmeichler; viele Muggelsteine o. Ä.

Die Kinder sitzen im Morgenkreis. Die Spielleitung übergibt einem von ihnen den Handschmeichler und schlägt dann in ruhigem Rhythmus die Handtrommel. Bei jedem Trommelschlag wird der Handschmeichler von Hand zu Hand links im Kreis herumgereicht. Sobald das Trommeln aufhört, erhält dasjenige Kind, das den Handschmeichler gerade in Händen hält, das Wort. Es darf nun der Gruppe mitteilen, wie es sich gerade fühlt und was es vielleicht gestern Schönes erlebt hat. Die übrigen Kinder hören aufmerksam zu. Wer besonders gut zuhört, erhält von der Spielleitung einen Muggelstein, den er in seine Hosen- oder Rocktasche stecken oder einfach vor sich auf den Boden legen darf. Danach beginnt eine neue Spielrunde. Das Spiel ist beendet, sobald eines oder mehrere Kinder sechs Muggelsteine ergattern konnten.

Ein Klang und viele Geräusche

Alter:
ab 3 Jahren
Material:
Triangel

Alle sitzen zusammen am Tisch und die Spielleitung schlägt die Triangel an. Sobald der Ton verklungen ist, möchte sie von den Kindern wissen, ob ihn alle gut hören konnten. Die Kinder bejahen natürlich die Frage. Danach dürfen sie nach Aufforderung der Spielleitung mit den Füßen auf den Boden stampfen, während die Triangel erneut angeschlagen wird. Nun stellt die Spielleitung noch einmal dieselbe Frage. Wer hat den Ton auch dieses Mal gehört? In der dritten und letzten Spielrunde dürfen die Kinder sowohl auf

den Boden stampfen als auch gleichzeitig mit den Händen ganz laut auf die Tischplatte patschen, sodass jetzt der Klang der Triangel kaum oder gar nicht mehr wahrgenommen werden kann.
Auf diese Weise wird den Kindern bewusst, dass man einen Klang am besten wahrnehmen kann, wenn es im Raum ganz leise ist. In diesem Zusammenhang kann die Spielleitung den Kindern auch erklären, dass sie es als unhöflich empfindet, wenn manche Kinder aus der Gruppe einfach nicht zuhören, Quatsch machen oder sich miteinander unterhalten, während sie oder andere Kinder gerade etwas sagen.

So bitte keinesfalls!

Alter:
ab 3 Jahren

Mit dem folgenden Fingerspiel wird den Kindern bewusst gemacht, dass sie respektloses Verhalten keinesfalls kommentarlos hinnehmen müssen.

Wer ist so laut hier? Das sind diese Vier!	*Eine Faust bilden und, ausgehend vom Zeigefinger, vier Finger ausstrecken und in der Luft zappeln lassen*
Das ist nicht gut!	*Verwundert über das Verhalten den Kopf schütteln*
Der Fünfte hat Mut! Er spricht die Vier an.	*Nun auch den Daumen ausstrecken und mit dem Zeigefinger der anderen Hand erst auf den ausgestreckten Daumen und dann, ausgehend vom Zeigefinger, der Reihe nach auf die vier anderen Finger tippen*
Es wird leise dann.	*Mit dem Zeigefinger auf den geschlossenen Mund tippen*

Es ist einfach viel zu laut!

Alter:
ab 3 Jahren
Material:
Handtrommel; Klangschale

Jeder von uns kennt die Situation: Man möchte etwas sagen, kann sich aber kein Gehör verschaffen, weil alle durcheinanderreden oder es einfach zu laut im Raum ist. Für diese Situation ist das folgende Spiel gedacht.
Die Spielleitung trommelt ganz laut und lenkt so die Aufmerksamkeit der Gruppe auf sich. Danach sagt sie mit bestimmter Stimme:

„Es ist zu laut hier.
Ich zähle bis vier!“

Nun bildet sie eine Faust und streckt, ausgehend vom Zeigefinger, nacheinander vier Finger aus. Dabei zählt sie laut bis vier. Danach ruft sie namentlich eines der Kinder auf, das die Klangschale anschlagen darf. Ist deren Ton verklungen, bedankt sich die Spielleitung bei allen Kindern dafür, dass es nun in der Gruppe viel ruhiger geworden ist.

Immer der Reihe nach

Alter:
ab 5 Jahren
Material:
Klangschale

Das folgende Spiel für den Abschlusskreis eignet sich besonders gut dazu, den Kindern intensives Zuhören und geduldiges Ausredenlassen näherzubringen.
Die Kinder stehen vor ihren Stühlen im Kreis. Eines von ihnen teilt der Gruppe mit, was ihm heute besonders gut gefallen hat. Die übrigen Kinder hören aufmerksam zu. Sobald jedoch die Klangschale erklingt, setzt sich das Kind auf seinen Stuhl und das links neben ihm sitzende Kind erhält das Wort. Erst wenn

alle Kinder an der Reihe waren und wieder auf ihren Stühlen sitzen, ist das Spiel beendet.

Wer ist ganz Ohr?

Alter:
ab 3 Jahren
Material:
Gymnastikreifen; Handtrommel

Es wird ein Stuhlkreis mit einem Stuhl weniger, als Kinder mitspielen, gebildet. In der Kreismitte liegt ein Gymnastikreifen. Im Rhythmus des Trommelspiels der Spielleitung laufen nun alle kreuz und quer im Innenkreis herum. Sobald das Trommeln stoppt, sucht sich jedes Kind so schnell wie möglich einen freien Stuhl. Dasjenige Kind, das keinen Stuhl ergattern konnte, stellt sich in den Reifen und erhält, wenn es möchte, das Wort. Es kann z. B. ein kurzes Fingerspiel vorstellen, ein Gedicht aufsagen oder ein Lied vorsingen. Wer dabei nicht zuhört oder Quatsch macht, bleibt in der nächsten Spielrunde sitzen und beobachtet von seinem Platz aus das Spielgeschehen.
Das Spiel ist beendet, sobald die Kinder insgesamt drei Spielrunden mit Bravour gemeistert und alle die Gesprächsegeln eingehalten haben.

„Hatschi!“ und „Gähn!“

Sich korrekt verhalten, wenn man mal niesen, gähnen oder pupsen muss

Wer niest, rülpst oder pupst denn da? Jüngere Kinder können sich das Lachen kaum verkneifen, wenn ihnen selbst oder anderen ein kleines Malheur passiert. Für sie sind diese Körpergeräusche noch kein Grund für Schamgefühle. Dennoch sollten sie schon wissen, weshalb diese Geräusche in der Öffentlichkeit oder in Gesellschaft von Menschen peinlich wirken können.
In diesem Kapitel geht es also um unseren Körper, der hin und wieder – auch ohne dass wir das wollen – Geräusche produziert. Mit Spielen und Liedern erfahren die Kinder hier u. a., wie es zu Körpergeräuschen kommt und wie man sie vielleicht auch vermeiden oder wieder loswerden kann. Und sie lernen, wie man sich am besten gegenüber anderen verhält, die vielleicht gerade einen Niesanfall oder Schluckauf haben. Nicht zuletzt erfahren sie auch, dass nicht jedes Körpergeräusch kontrollierbar ist und dass einem auch nicht jedes peinlich sein muss.

Ha-, Ha-, Ha-, Hatschi!

Text und Musik: Heiner Rusche

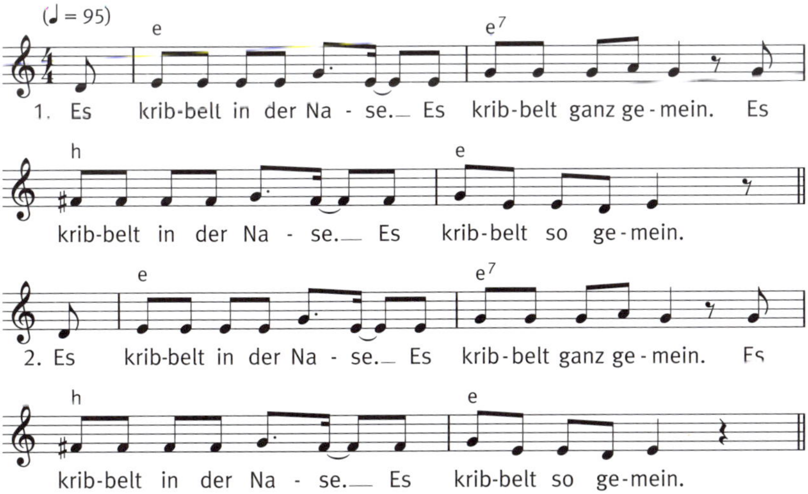

CD-Track 11

3. Nun gehn auf diese Weise,
du hörst sie kaum, so leise,
ganz viele kleine Tröpfchen
auf eine große Reise.

4. Stopp, so geht das nicht.
Ich schütze dich und mich.
Von diesen Tröpfchen wird man krank,
du und ich.

Zwischenspiel: „Ha-, Ha-, Ha-, Haaa- ...!“ ...

Refrain: „Ha-, Ha-, Ha-, Hatschi!“ ...

5. Muss ich einmal niesen
oder kräftig husten,
ich werd es einfach in
den Ellenbogen pusten.

6. Ich dreh mich einfach weg
   von diesem Fleck.
   Ich dreh mich einfach von den
   andern Kindern weg.

Zwischenspiel

Refrain

Spielidee zum Lied

Die Kinder bilden einen Kreis.

Alter:
ab 3 Jahren

Es kribbelt in der Nase. Es kribbelt ganz gemein. Es kribbelt in der Nase. Es kribbelt so gemein. Es kribbelt in der Nase …	*Die Nasenflügel im Takt der Musik sanft drücken*
„Ha-, Ha-, Ha-, Haaa- …!“ Der Reiz ist groß. „Ha-, Ha-, Ha-, Ha-, Haaa- …!“ Es geht gleich los.	*Bei jedem „Ha-“ beide Arme in die Luft strecken, am Ende jeder Zeile einmal in die Luft springen*
„Ha-, Ha-, Ha-, Hatschi!“ Ich niese laut: „Hatschi!“ Ich nies so laut wie nie. „Ha-, Ha-, Ha-, Hatschi!“	*Bei jedem „Ha-“ beide die Arme in die Luft strecken, bei „Hatschi“ in den Ellenbogen pusten*
Nun gehn auf diese Weise, du hörst sie kaum, so leise, ganz viele kleine Tröpfchen auf eine große Reise.	*Im Rhythmus der Musik auf der Stelle gehen, die Arme in die Luft strecken und dabei die Finger zuppeln lassen*

Stopp, so geht das nicht. Ich schütze dich und mich. Von diesen Tröpfchen wird man krank, du und ich.	*Stehen bleiben und sich selbst umarmen, im Rhythmus der Musik den Zeigefinger hin- und herbewegen, danach erst auf ein anderes Kind und dann auf sich selbst deuten*
„Ha-, Ha-, Ha-, Haaa- ...!“ ...	*s. o.*
„Ha-, Ha-, Ha-, Hatschi!“ ...	*s. o.*
Muss ich einmal niesen oder kräftig husten, ich werd es einfach in den Ellenbogen pusten.	*Zuerst auf die Nase und dann auf den Mund deuten und am Schluss in den Ellenbogen pusten*
Ich dreh mich einfach weg von diesem Fleck. Ich dreh mich einfach von den anderen Kindern weg.	*Sich im Rhythmus der Musik einmal linksherum um die eigene Achse drehen*
„Ha-, Ha-, Ha-, Haaa- ...!“ ...	*s. o.*
„Ha-, Ha-, Ha-, Hatschi!“ ...	*s. o.*

Ein Taschentuch für dich

Alter:
ab 3 Jahren
Material:
Päckchen Taschentücher; Augenbinde
Lied:
„Ha-, Ha-, Ha-, Hatschi!“
s. S. 71ff., CD-Track 11

Alle Kinder bis auf eines sitzen im Stuhlkreis. Das einzelne Kind erhält von der Spielleitung ein Päckchen Taschentücher, stellt sich in die Kreismitte und lässt sich die Augen verbinden. Nun wählt die Spielleitung heimlich ein Kind im Stuhlkreis aus, das laut den Refrain des o. g. Liedes aufsagt:

„Ha-, Ha-, Ha-, Hatschi!“
Ich niese laut: „Hatschi!“
Ich nies so laut wie nie.
„Ha-, Ha-, Ha-, Hatschi!“

Das Kind in der Kreismitte soll nun herausfinden, welches Kind die Zeilen aufgesagt hat. Es nimmt dazu die Augenbinde ab, geht auf dasjenige Kind zu, das es als das richtige vermutet, und bietet ihm ein Taschentuch aus seinem Päckchen an. Sollte sich das Kind irren, setzt es seine Suche einfach fort. Sobald es jedoch vor dem richtigen Kind steht, bedankt sich dieses höflich für das Taschentuch. Danach tauschen beide die Rollen und das andere Kind stellt sich mit dem Päckchen Taschentücher in die Kreismitte. Auf diese Weise finden noch ein paar Spielrunden statt.

Ratter, knatter! ... Pups!

Text und Musik: Heiner Rusche

CD-Track 12

3. Ja, ist das schlimm? Entschuldigung!
   Ich kann doch wirklich nichts dafür!
   Ich renne schnell. Schaff ich es noch?
   Dann pups ich vor der Tür.

4. Es drückt, ich halt das kaum noch aus.
   Vielleicht geh ich mal schnell aufs Klo.
   Und riecht es dann, schnell Fenster auf.
   Es stinkt, das ist halt so.

Zwischenspiel: Es rumpelt, oooh

Refrain: Peng! Da knallt es …

Spielidee zum Lied

Alle stehen im Kreis und drehen sich mit dem Rücken in Richtung Kreismitte.

Alter:
ab 4 Jahren

Mal drückt es hier, dann drückt es dort, in mir rumort es immerfort. Es rumpelt was in meinem Bauch. Ein Pups will wohl hinaus.	*Im Takt der Musik mit den Händen auf den Po patschen, dabei die Hüfte hin- und herbewegen. Dann mit den Händen auf den Bauch patschen und sich anschließend so lange links im Kreis herumdrehen, bis die Ausgangsstellung mit Blickrichtung zur Kreismitte wieder erreicht ist*
Mit einem Peng, mit lautem Knall, mal knatterts voll mit einem Schall. Ja oder sanft mit leisem Pfiff, ein Pfffff mit einem Pfiff.	*Bei „Peng“ einmal direkt über den Kopf in die Hände klatschen, im Takt der Musik leise auf der Stelle gehen*
Es rumpelt, oooh, was mach ich bloß? Oh je, gleich geht es los. Es rumpelt, oooh, was mach ich bloß? Oh je, jetzt geht es los.	*Im Rhythmus der Musik mit den Händen auf die Oberschenkel patschen und immer lauter auf den Boden stampfen*

Peng! Da knallt es! Pups, pups, pups! Ratter, knatter! Ratter, knatter! ... Pups! Peng! Da knallt es! Pups, pups, pups! Ratter, knatter! Ratter, knatter! ... Pups!	*Bei „Peng!“ immer direkt über dem Kopf in die Hände klatschen, im Rhythmus der Musik mit den Händen auf die Oberschenkel patschen*
Ja ist das schlimm? Entschuldigung! Ich kann doch wirklich nichts dafür! Ich renne schnell. Schaff ich es noch? Dann pups ich vor der Tür.	*Im Takt der Musik mit den Schultern zucken. Die Handflächen auf Höhe des Oberkörpers aneinanderlegen (Geste der Entschuldigung), zum Takt der Musik auf der Stelle laufen*
Es drückt, ich halt das kaum noch aus. Vielleicht geh ich mal schnell aufs Klo. Und riecht es dann, schnell Fenster auf. Es stinkt, das ist halt so.	*Im Takt der Musik aufgeregt auf der Stelle tippeln, dann in die Hocke gehen, wieder aufspringen, pantomimisch ein Fenster weit öffnen und sich kurz die Nase zuhalten*
Es rumpelt, oooh, was mach ich bloß? ...	*s. o.*
Peng! Da knallt es ...	*s. o.*

Ist das schlimm? Entschuldigung!

Alter:
ab 3 Jahren
Material:
Handtrommel
Lied:
„Ratter, knatter! ... Pups!“, s. S. 75f., CD-Track 12

Die Kinder bilden einen Stuhlkreis. Eines von ihnen erhält von der Spielleitung eine Handtrommel. Alle anderen sagen zweimal hintereinander die folgenden, leicht abgewandelten Zeilen (das Zwischenspiel) des o.g. Liedes auf und patschen gleichzeitig bei jeder Silbe auf ihre Oberschenkel:

„Es rumpelt, oooh, was machst du bloß?
Oh je, gleich geht es los.
Es rumpelt, oooh, was mach ich bloß?
Oh je, jetzt geht es los.“

Das Kind mit der Handtrommel schlägt diese nun einmal kräftig an und ahmt damit einen Pups nach. Danach sagt es laut die ersten beiden Zeilen der 3. Strophe auf:

„Ja, ist das schlimm? Entschuldigung!
Ich kann doch wirklich nichts dafür!“

Anschließend übergibt es die Handtrommel einem anderen Kind, das dann genauso „pupsen“ und sich dafür bei den übrigen Kindern entschuldigen darf.

Es knattert und stinkt

Alter:
ab 3 Jahren

Pupsen gilt in unserer westlichen Gesellschaft als despektierlich. Aber auf der anderen Seite ist es eine ganz natürliche Sache. Der menschliche Organismus reagiert damit z.B. auf bestimmte Lebensmittel, die er nicht gut verträgt. Bei Kindern sorgt das Pupsen in der Regel für einen heftigen Lachanfall. Was also tun, wenn mal ein kleiner pfeifender Ton entweicht?

Das zeigt dieses Spiel: Die Kinder sitzen im Stuhlkreis und schließen ihre Augen. Die Spielleitung geht leise im Außenkreis herum und tippt dabei einem der Kinder heimlich auf die Schulter, das dann so tut, als würde es pupsen. Während es das Körpergeräusch nachahmt, schrecken die übrigen Kinder auf und schauen sich in der Runde um. Das „pupsende“ Kind gibt sich zu erkennen und entschuldigt sich höflich bei der Gruppe. Danach findet eine neue Spielrunde statt, bei der das Kind, das sich eben entschuldigt hat, die Rolle der Spielleitung übernimmt und ein weiteres Kind auf die Schulter tippt, sobald alle ihre Augen wieder geschlossen haben. Nach drei bis vier Durchgängen ist das Spiel beendet.

Hatschi! Entschuldigung

Alter:
ab 3 Jahren
Material:
Handtrommel

Früher wünschte man dem Niesenden „Gesundheit!“. Das ist jedoch heutzutage anders. Wie man sich in dieser Situation korrekt verhält, zeigt dieses Spiel:
Die Kinder bilden einen Kreis. Die eine Hälfte der Gruppe geht im Trommelrhythmus der Spielleitung im Innenkreis herum. Die andere Hälfte bleibt auf der Kreisbahn stehen. Sobald das Trommelspiel stoppt, bleiben die Kinder im Innenkreis ebenfalls stehen und fangen an zu niesen. Dabei halten sie sich die Armbeuge vor den Mund und die Nase. Sie entschuldigen sich bei den übrigen Kindern, die im Kreis stehen, woraufhin diese nicken und ihnen freundlich zulächeln. Danach tauschen beide Gruppen ihre Plätze und wiederholen das Spiel.

Variante:
Anstatt zu niesen, kann auch gehustet und dabei die Hand vor den Mund gehalten werden.

Oh je! Ich muss aufstoßen!

Alter:
ab 5 Jahren
Material:
ein Tischgedeck und eine Serviette je Kind

Was kann man tun, wenn man aufstoßen muss, weil man z. B. Mineralwasser mit viel Kohlensäure getrunken oder etwas zu schnell gegessen hat? Im Folgenden können die Kinder mehr darüber erfahren:
Alle Kinder sitzen um einen hübsch gedeckten Tisch herum. Nach Aufforderung der Spielleitung geben sie der Reihe nach vor, aufstoßen zu müssen. Dabei halten sie ihre Hand vor den Mund, falls keine Serviette griffbereit daliegen sollte. Außerdem entschuldigen sie sich einzeln bei der Gruppe. Wenn alle Kinder an der Reihe gewesen sind, erklärt die Spielleitung, dass einem das Rülpsen am Tisch nicht peinlich sein muss, für den Fall, dass man es nicht absichtlich macht.

Schmatzen, schlürfen, rülpsen

Alter:
ab 3 Jahren

Mit diesem Spiel werden die Kinder dafür sensibilisiert, beim Essen etwas auf Tischmanieren zu achten, und zwar, indem sie aufgefordert werden, ausnahmsweise ganz absichtlich schlechte Tischmanieren an den Tag zu legen.
Sie bilden dazu einen Stuhlkreis, die Spielleitung stellt sich in die Kreismitte und sagt:

„Es ist lustig und somit zum Lachen,
du solltest es trotzdem nicht machen!“

Daraufhin fängt die Spielleitung an, z. B. laut zu schmatzen oder zu rülpsen. Sie kann auch vorgeben, einen Teller Suppe laut schlürfend auszulöffeln oder mit vollem Mund zu spre-

chen. Die Kinder versuchen nun zu erraten, was die Spielleitung gerade vormacht und besprechen danach gemeinsam mit ihr, weshalb ein solches Verhalten – z. B. am Mittagstisch in der Kita, in einem Restaurant, aber auch zu Hause – unpassend ist.

Schluckauf

Alter:
ab 3 Jahren
Material:
ein Glas Wasser und evtl. ein Stück Zucker je Kind

Wie verhält man sich, wenn man z. B. vor lauter Lachen oder nach dem Trinken laut „hicksen" muss und es einfach nicht mehr aufhört? Hierfür gibt es eine geniale Lösung:
Die Spielleitung stellt für jedes Kind ein Glas Wasser auf den Tisch. Eines der Kinder gibt vor, es habe Schluckauf. Es entschuldigt sich, bittet ein anderes Kind um ein Glas Wasser und nimmt einen kräftigen Schluck davon. Sofort hört der „Schluckauf" auf. Anschließend bedankt sich das Kind höflich für das Glas Wasser. Das Spiel wird fortgesetzt, indem nun dessen linker Sitznachbar einen Schluckauf nachahmt und um ein Glas Wasser bittet.
Wenn alle Kinder an der Reihe waren und ein Glas Wasser erhalten haben, ist das Spiel beendet.

Varianten:
Es gibt noch weitere Tricks, um einen Schluckauf loszuwerden:
- kurz die Luft anhalten
- ein Stück Zucker auf der Zunge zergehen lassen
- gemeinsam den Schluckauf-Geplagten kurz erschrecken

Wenn der Magen knurrt oder die Nase läuft

Alter:
ab 3 Jahren

Die Spielleitung stellt sich den Kindern gegenüber auf, reibt sich mit ihrer flachen Hand den Magen und erzählt ihnen, dass ihr Ma-

gen manchmal ganz schön laut knurrt. Wer von den Kindern weiß, warum? Und weiß vielleicht auch jemand, was man dagegen tun kann? Die Kinder rufen z. B.: „Du hast Hunger! Du musst etwas Gutes essen!“ oder „Deine Nahrung wird verdaut!“
Wurden ein paar richtige Antworten genannt, dann darf ein Kind aus der Gruppe ein neues Körpergeräusch vorstellen, das ihm die Spielleitung vorher ins Ohr flüstert, z. B. niesen. Das Kind ahmt nun das Niesen nach und alle anderen versuchen, herauszufinden, warum es niest und was es dagegen machen kann. Vielleicht hat es eine Erkältung, starken Heuschnupfen oder eine Allergie. Das Kind braucht dann bestimmt ein Taschentuch, etwas zu Trinken und vielleicht sogar Medikamente aus der Apotheke. Auf diese Weise finden noch ein paar Spielrunden statt.
Weitere Beispiele für unangenehme Körpergeräusche bzw. -reaktionen und Erklärungen dafür:

- Husten: Erkältung, Allergie, Asthma
- Pupsen: Blähungen, Bauchweh, Durchfall
- Übelkeit und Erbrechen: zu üppige Mahlzeiten, verdorbene Speisen, üble Gerüche

„Bitte zu Tisch!“

Den Tisch decken und mehr über gute Tischmanieren erfahren

Dass Kinder beim Essen mal kleckern oder dass beim Trinken etwas danebengeht, kommt einfach vor und ist auch gar nicht weiter schlimm. Dennoch können Kinder mit Spielen und in Liedern schon ab dem dritten Lebensjahr gute Tischmanieren kennenlernen und vor allem durch Nachahmung positiver Vorbilder das Verhalten am Tisch besonders leicht verinnerlichen.
In diesem Kapitel dreht sich alles um das gemeinsame Frühstück und Mittagessen, das schon in vielen Kitas angeboten wird. Die Kinder lernen dabei einen Tisch hübsch einzudecken, vor dem Essen die Hände zu waschen und gute Tischmanieren an den Tag zu legen, indem sie z. B. nicht mit dem Essen spielen oder mit vollem Mund sprechen. Sie lernen auch, dass man sich nur so viel auf den Teller legt, wie man auch tatsächlich essen kann. Und sollte das Auge trotzdem einmal größer gewesen sein als der Hunger, dann braucht man natürlich auch nicht alles aufzuessen.

Ich mag gerne essen

Text und Musik: Heiner Rusche

CD-Track 13

5. Ich mag gerne essen,
wenn es allen richtig schmeckt,
man mit „Mmmmmm“ das Essen lobt.

6. Ich mag gerne essen,
wenn dann alle sitzen still
und keiner am Tisch mehr tobt.

7. Ich mag gerne essen,
mit Gesprächen auch bei Tisch,
oder es ganz leise ist.

8. Ich mag gerne essen,
gerne mit Gemütlichkeit,
aber nicht mit Krach und Streit.

Refrain: Ich mag gerne essen ...

9. Ich mag gerne essen,
dies und das und mancherlei.
Ich probiere gern was aus.

10. Ich mag gerne essen,
auch wenn es was andres gibt
als gewohnt bei mir zu Haus.

11. Ich mag gerne essen,
    wenn ich mir selbst auftun darf,
    auch, als was danebenlief.
12. Ich mag gerne essen,
    wenn ich ausprobieren darf.
    Egal, geht mal etwas schief.

Refrain

Spielidee zum Lied

Die Kinder stehen vor einem gedeckten Tisch, z. B. am Frühstückstisch.

Alter:
ab 3 Jahren

Zur 1. und 2. Strophe:
Im Takt der Musik Hand in Hand einmal um den Tisch herumgehen und dann am Tisch Platz nehmen

Zur 3. und 4. Strophe:
Sich gegenseitig die Hände geben und dann im Takt der Musik die Unterarme leicht auf und ab bewegen.

Zum Refrain
So tun, als würde man essen, danach auf sich selbst, dann auf ein anderes Kind und schließlich auf alle Kinder rundherum zeigen

Zur 5. und 6. Strophe:
Im Rhythmus der Musik mit den Händen auf den Bauch patschen, danach still sitzen bleiben

Zur 7. und 8. Strophe:
Sich gegenseitig die Hände geben und dann im Takt der Musik die Unterarme leicht auf und ab bewegen

Zum Refrain
s. o.

Zur 9. und 10. Strophe:
Auf die Leckereien deuten, die sich auf dem Tisch befinden

Zur 11. und 12. Strophe:
Sich etwas Leckeres auf den Teller legen und sich am Ende gegenseitig „Guten Appetit!“ wünschen

Zum Refrain
s. o.

Spaghetti, rote Soße

Text und Musik: Heiner Rusche

CD-Track 14

ei - ne Hand, Ga - bel in die and-re Hand. Pass schön auf, so
geht nichts ü - bern Tel-ler-rand. Dre - hen,
dre - hen, pass schön auf. Soll al - les auf die Ga - bel
rauf. Ich dre - he, dre - he im - mer mehr. Die Ga-bel
ist schon ganz schön schwer. Und dann, oh je, oh
Schreck, fällt mir die Ga - bel ein - fach weg.
Refrain
Spa - ghetti, ro - te So - ße lan-det auf der Ho - se.
Platsch, oh je, oh Schreck. Spa - ghetti, ro - te So - ße
lan - det auf der Ho - se. Schon wie - der gibt es ei - nen Fleck.
1.
2.
Spa-

2. Spaghetti essen ist nicht leicht.
   Versuchs nochmal,
   dann klappts vielleicht.
   Nehm Löffel in die eine Hand.
   Gabel in die andre Hand.
   Pass schön auf, so geht nichts
   übern Tellerrand.
   Drehen, drehen, pass schön auf.
   Soll alles auf die Gabel rauf.
   Ich drehe, drehe immer mehr.
   Die Gabel ist schon ganz schön schwer.
   Und dann, oh je, oh Schreck,
   fällt mir die Gabel einfach weg.

Refrain: Spaghetti, rote Soße ...

Spielidee zum Lied

Alter: ab 3 Jahren

Die Kinder bilden einen Kreis.

Zur 1. Strophe:
Die Arme im Takt der Musik abwechselnd in die Luft strecken und wieder herunternehmen, dann im Takt der Musik mit den Achseln zucken. Als Nächstes erst einen und dann den anderen Arm in die Luft strecken und dabei so tun, als würde man in einer Hand den Löffel und in der anderen die Gabel halten. Die Hände in die Hüften stemmen. Danach

sich im Takt der Musik um die eigene Achse drehen und schließlich auf den Boden fallen lassen

Zum Refrain:
Im Rhythmus der Musik mit den Händen auf die Oberschenkel patschen

Zur 2. Strophe:
Bei „dann klappts vielleicht“ den Daumen hochheben, ansonsten Bewegungen wie bei Strophe 1.

Zum Refrain:
s. o.

Soße auf der Hose?

Alle Kinder sitzen an einem Tisch. Je nach Alter erhält jedes Kind von der Spielleitung eine Gabel, einen Teller und drei bis fünf Schnürsenkel, die jeweils auf die Teller gelegt werden. Nun sagt die Spielleitung die folgenden Zeilen des o. g. Liedes auf:

Alter:
ab 4 Jahren
Material:
eine Gabel, ein Teller und 3 bis 5 Schnürsenkel je Kind
Lied:
„Spaghetti, rote Soße“, s. S. 88ff., CD-Track 14

„Heute ist ein toller Tag.
Es gibt mein Leibgericht.
Die Freude steht mir im Gesicht,
weil ich Spaghetti mag.“

Auf die Bitte der Spielleitung hin drehen die Kinder ihre Gabeln im Uhrzeigersinn so, dass sich die „Spaghetti“ um ihre Gabeln wickeln. Sollte dabei mal ein Schnürsenkel vom Teller auf den Boden oder auf die Hose bzw. den Rock eines Kindes fallen, singt die Gruppe den Refrain des o. g. Liedes:

„Spaghetti, rote Soße
landet auf der Hose.
Platsch, oh je, oh Schreck.

Spaghetti, rote Soße
landet auf der Hose.
Schon wieder gibt es einen Fleck.“

Kinder, denen das Aufwickeln der Spaghetti auf die Gabel noch nicht so gut gelingt, dürfen sich natürlich von den anderen Kindern oder von der Spielleitung helfen lassen.

Ich esse gerne mit dir!

Alter:
ab 3 Jahren

Für das folgende Fingerspiel, das sich auch sehr gut als Tischspruch eignet, machen die Kinder zuerst zwei Fäuste und sagen dann in der folgenden Weise den Refrain des Liedes „Ich mag gerne essen“ (s. S. 85f.) auf:

Der Erste sagt: „Ich mag gerne essen.“	*Den linken Zeigefinger ausstrecken*
Der Zweite sagt: „Esse gerne mit dir.“	*Den rechten Zeigefinger ausstrecken*
Alle sagen: „‚Guten Appetit!‘, wünschen alle Kinder hier.“	*Am Ende alle zehn Finger in der Luft zappeln lassen*

Hände richtig waschen

Alter:
ab 3 Jahren

Kinder lernen „gesundheitsbewusstes“ Verhalten, indem sie ihre Hände regelmäßig und gründlich waschen. Dies ist auch die effektivste Art, z. B. einer Erkältung vorzubeugen.
Alle gehen in den Waschraum und halten ihre Hände unter das fließende Wasser. Dabei sagt die Spielleitung den folgenden Reim:

„Wir schäumen unsere Hände kräftig ein.
30 Sekunden sollten es schon sein!“

Während die Kinder ihre Hände – und dabei vor allem auch ihren Handrücken, die Fingerspitzen, die Fingerzwischenräume und Daumen – mit Seife einschäumen, zählt die Spielleitung laut bis 30. Danach sagt sie:

„Wir drehen jetzt den Wasserhahn zu.
Ich trockne die Hände ab, so wie du!“

Wie deckt man einen Tisch?

Alter:
ab 3 Jahren
Material:
Tischdecke; Speiseteller; Messer; Suppenlöffel; Gabel; Serviette; Trinkglas

Wie deckt man einen Tisch für ein Hauptgericht ein? Was kommt an welche Stelle? Die Spielleitung bereitet ein kleines „Tischlein deck dich“ vor, indem sie den Kindern mit einem Gedeck exemplarisch zeigt, was wohin kommt: Sie breitet eine Tischdecke auf dem Tisch aus und fängt mit dem Teller an. Rechts neben den Teller legt sie ein Messer und daneben einen Löffel, links vom Teller platziert sie eine Gabel. Die Serviette legt sie waagrecht oder senkrecht über den Teller. Das Trinkglas platziert sie oberhalb des Tellers und seitlich vom Suppenlöffel.
Die Kinder schauen sich alles genau an und schließen dann ihre Augen. Die Spielleitung nimmt nun heimlich einen der Gegenstände vom Tisch und bittet die Kinder, ihre Augen wieder zu öffnen. Wer weiß, was fehlt und wo es vorher gelegen bzw. gestanden hat? Wurden die Fragen richtig beantwortet, dann legt die Spielleitung den Gegenstand auf seinen Platz zurück und beginnt eine neue Spielrunde, in der sie einen anderen Gegenstand entfernt. Auf diese Weise finden noch einige Spielrunden statt.

Mit Essen spielt man nicht

Alter: ab 3 Jahren

Das folgende Fingerspiel macht den Kindern bewusst, dass man mit Essen nicht spielen sollte.

Der Erste sagt: „Ich lege mir die Spaghetti auf den Kopf.“	*Mit der einen Hand eine Faust bilden und dann den Daumen wieder ausstrecken, mit den Fingerspitzen der anderen Hand den Kopf kraulen*
Der Zweite sagt: „Dann mach dir jetzt daraus einen Zopf.“	*Zusätzlich den Zeigefinger der einen Hand ausstrecken und mit der anderen Hand eine Haarsträhne anfassen*
Der Dritte sagt: „Das kann doch wirklich nicht wahr sein! Das ist alles andere als fein! Es gibt viele, die Hunger haben. Das wollte ich euch nur mal sagen.“	*Zusätzlich den Mittelfinger der einen Hand ausstrecken, dabei den Kopf schütteln, mit dem Zeigefinger der anderen Hand auf die Kinder rundherum und dann auf sich selbst zeigen*
Die Zwei schämen sich nun wirklich sehr	*Nur noch den Daumen und den Zeigefinger der einen Hand ausstrecken und wegschauen*
und machen damit keinen Quatsch mehr.	*Beide Daumen nach oben strecken*

Möchtest du teilen?

Alter:
ab 3 Jahren
Material:
ein kleiner Dessertteller je Kind; jeweils unterschiedliche Kekssorten je Kind

Die Spielleitung teilt an jedes Kind einen kleinen Dessertteller mit zwei Keksen darauf aus, wobei auf jedem Teller andere Kekssorten sein sollten. Jedem Kind ist es freigestellt, ob es die Kekse auf seinem Teller komplett selbst verspeisen oder sie mit anderen Kindern teilen bzw. tauschen will, sodass auch sie in den Genuss von anderen Kekssorten kommen können. Die Spielleitung vereinbart zudem vorab mit den Kindern, dass sich niemand einfach Kekse von anderen Tellern nehmen darf, ohne vorher zu fragen, sondern dass man den jeweils anderen immer darum bitten muss.

Wer von den Kindern kann diese Regel am Tisch einhalten? Und wem fällt es schwer, nichts von einem anderen Teller zu stibitzen? Die Spielleitung zeichnet diejenigen Kinder, die es geschafft haben, sich an die Regeln zu halten, mit einem „Sonderkeks“ aus.

Toben am Esstisch? Nein danke!

Alter:
ab 3 Jahren
Material:
eine Serviette je Kind; Sanduhr (3 Minuten); Murmeln o. Ä. als Geschenke

Alle Kinder sitzen am Frühstückstisch und jedes von ihnen faltet seine Serviette auseinander und legt sie sich auf den Schoß. Damit alle sitzen bleiben und keines der Kinder vom Tisch aufsteht, darf eines von ihnen eine Sanduhr umdrehen und auf den Tisch stellen. Wer es schafft, so lange sitzen zu bleiben, bis der Sand durchgerieselt ist, erhält von der Spielleitung z. B. eine Murmel. Danach ist ein anderes Kind an der Reihe, das erneut die Sanduhr umdreht und wieder auf den Tisch stellt. Nach drei Durchgängen schauen die Kinder nach, wer von ihnen drei Murmeln ergattern konnte.

Den Teller nicht überhäufen

Alter:
ab 5 Jahren
Material:
ein Gedeck je Kind

Die folgende Praxisidee kann kurz vor einem gemeinsamen Frühstück durchgeführt werden. Sie unterstützt die Kinder dabei, ein Sättigungsgefühl zu entwickeln.
Die Spielleitung lädt die Kinder an den Frühstückstisch ein. Sie bittet sie, ihren Teller nicht zu überhäufen, sondern sich lieber später noch einmal einen Nachschlag zu holen. Bei wem ist am Ende „das Auge größer gewesen als der Magen“? Und wer hat seinen Teller leer gegessen und holt sich erst dann einen Nachschlag? Die Spielleitung lobt die Kinder, die ihren Teller nicht überhäuft haben und trotzdem satt geworden sind. Zum Schluss dürfen alle Kinder gemeinsam und in aller Ruhe ihr zweites Frühstück einnehmen.

„Wo ist bloß mein Teddy?“

Spielsachen gut behandeln und ordentlich aufräumen

Wenn Kinder in ihrem Kinderzimmer alleine spielen, geht das natürlich kaum ohne ein gewisses Maß an „kreativem Chaos“. In der Kita ist die Situation aber eine andere. Hier spielen viele Kinder miteinander und nebeneinander und es kann sehr schnell etwas unübersichtlich werden. Und deshalb kann das Einhalten von Regeln dafür sorgen, dass das gemeinsame Spiel nicht zu Rangeleien oder tatsächlich zu Chaos führt. So erfahren die Kinder im folgenden Kapitel z. B., weshalb sie mit den Spielsachen im Gruppenraum pfleglich umgehen und diese nach Gebrauch auch wieder aufräumen sollten.
In diesem letzten Abschnitt lernen die Kinder auf spielerische Weise, wie sie dazu beitragen können, dass die in der Einrichtung zur Verfügung stehenden Spielsachen von vielen Kindern und über lange Zeit genutzt werden können. Außerdem erfahren sie in diesem Zusammenhang auch etwas über den Sinn und Zweck des Ordnung-Haltens und Aufräumens von Spielsachen und dass dies nicht nur eine lästige Pflicht sein muss, sondern vor allem gemeinsam mit anderen Kindern auch viel Spaß machen kann.

Spielsachentag

Text und Musik: Heiner Rusche

CD-Track 15

Refrain: Spielsachentag, Spielsachentag! ...

2. Viele Lieblingsspiele liegen hier.
   Gehört das Spiel mir oder dir?

Zwischenspiel:
   So viel Lieblingsspiele.
   Oh, was sind das viele.
   So viel Lieblingsspiele,
   oh, was sind das viele.

Refrain

3. Und am Spielzeugtag, da wissen wir,
   dass alles heut bleibt heile hier.

Zwischenspiel

Refrain

Spielidee zum Lied

Alter:
ab 3 Jahren
Material:
ein kleines Spielzeug je Kind

Jedes Kind sucht sich jeweils ein Spielzeug aus, anschließend bilden alle einen Kreis.

Spielsachentag, Spielsachentag! Jeder bringt ein Spiel mit, was er gerne mag. Spielsachentag, Spielsachentag! Spielsachen, die man gerne mag.	*Die Spielsachen so lange von einer Hand zur anderen links im Kreis weitergeben, bis der Refrain beendet ist*
Alle haben etwas mitgebracht, damit es uns viel Freude macht.	*Auf die einzelnen Kinder im Kreis deuten*
So viel Lieblingsspiele. Oh, was sind das viele. So viel Lieblingsspiele, Oh, was sind das viele.	*Alle Spielsachen in die Luft heben und dabei im Takt der Musik den Arm hin- und herbewegen*
Spielsachentag, Spielsachentag! …	*s. o.*
Viele Lieblingsspiele liegen hier. Gehört das Spiel mir oder dir?	*Die Spielsachen direkt vor den Füßen ablegen, danach erst auf sich selbst und dann auf ein anderes Kind deuten, schließlich die Spielsachen wieder vom Boden aufheben*
So viel Lieblingsspiele …	*s. o.*
Spielsachentag, Spielsachentag …	*s. o.*

Und am Spielzeugtag, da wissen wir, dass alles heut bleibt heile hier.	*Das Spielzeug in der Hand behutsam abtasten*
So viel Lieblingsspiele ...	*s. o.*
Spielsachentag, Spielsachen-tag! ...	*s. o.*

„Worauf ihr achten solltet“

Alter:
ab 3 Jahren
Material:
ein Spielzeug je Kind
Lied:
„Spielsachentag“, s. S. 98f., CD-Track 15

Die Kinder sitzen im Kreis und halten ihre Spielsachen in der Hand. Die Spielleitung stellt sich in die Kreismitte. Während sie nun die folgenden Zeilen des o. g. Liedes singt oder spricht, deutet sie im Uhrzeigersinn der Reihe nach auf die Spielsachen, die die Kinder in der Hand halten:

„So viel Lieblingsspiele.
Oh, was sind das viele.“

Das letzte Kind, auf das sie zeigt, stellt sein Spielzeug der Gruppe vor. Es teilt den anderen auch mit, worauf sie besonders achten sollen, wenn sie damit spielen. Die anderen Kinder können auch Fragen dazu stellen.
Danach beginnt eine neue Spielrunde, bei der die Spielleitung wieder die Zeilen des o. g. Liedes spricht oder singt und damit ein weiteres Kind auszählt. Auf diese Weise geht es immer weiter, bis alle Kinder an der Reihe gewesen sind.

Kaputtmacher

Text und Musik: Heiner Rusche

CD-Track 16

2. Der Puppe fehlt ein Arm.
   Das Dreirad ist kaputt.
   Schrott ist Bärchens Bein.
   „Oh, ist das gemein!“

Refrain: Kaputtmacher! Kaputtmacher! ...

3. Das Auto ist voll Schrott.
Beim Puzzle fehlt ein Teil.
Wo kann das nur sein?
„Oh, ist das gemein!“

Refrain

Spielidee zum Lied

Alter:
ab 3 Jahren

Die Kinder bilden einen Kreis.

Kaputtmacher, die lachen beim Spielekaputtmachen. Bitte lasst das sein! „Oh, ist das gemein!“	*Im Takt der Musik mit den Händen auf die Oberschenkel patschen, bei „Oh, ist das gemein!“ einen Standsprung in Richtung Kreismitte machen*
Kaputtmacher! Kaputtmacher! Kaputtmacher! Ihr seid gemein! Kaputtmacher! Kaputtmacher! Kaputtmacher! Bitte lasst das sein!	*Die Hände in die Hüften stemmen und im Takt der Musik rückwärts gehen, dabei den Kopf schütteln. Stehen bleiben, im Takt der Musik auf den Boden stampfen*
Der Puppe fehlt ein Arm. Das Dreirad ist kaputt. Schrott ist Bärchens Bein. „Oh, ist das gemein!“	*Mit der rechten Hand den linken Oberarm umfassen, Daumen, Zeige- und Mittelfinger ausstrecken, mit der anderen Hand auf den rechten Oberschenkel fassen, bei „Oh ist das gemein!“ einen Sprung in Richtung Kreismitte machen.*
Kaputtmacher! …	*s. o.*

Das Auto ist voll Schrott. Beim Puzzle fehlt ein Teil. Wo kann das nur sein? „Oh, ist das gemein!“	*Eine Hand vor Schreck auf den geöffneten Mund halten, eine Faust bilden und den Daumen ausstrecken, danach eine flache Hand waagrecht an die Stirn halten und nach dem fehlenden Puzzleteil Ausschau halten. Bei „Oh, ist das gemein!“ noch einen Sprung in Richtung Kreismitte machen*
Kaputtmacher! …	*s. o.*

Bitte nicht zerstören

Alter:
ab 5 Jahren
Material:
ein Notizblatt und ein Stift je Kind
Lied:
„Kaputtmacher“, s. S. 102f., CD-Track 16

Die Kinder sitzen am Tisch. Jedes von ihnen schreibt seinen Vornamen oder macht eine kleine Zeichnung auf ein Notizblatt und legt dieses verdeckt auf den Tisch. Danach werden die Blätter gemischt und wieder ausgeteilt, sodass am Ende jeder wieder ein verdecktes Blatt vor sich liegen hat. Eines der Kinder dreht nun sein Blatt um und das Kind, dessen Vorname oder Zeichnung auf dem Blatt steht, darf nun, wenn es möchte, der Gruppe eine Situation schildern, in der ihm ein anderes oder mehrere Kinder etwas kaputt gemacht haben, wie z. B. ein gemaltes Bild oder ein Kleidungsstück bei einer kleinen Rangelei. Die Gruppe überlegt nun gemeinsam, ob dieses Verhalten gegenüber dem Kind in Ordnung gewesen ist oder nicht. Danach singen alle den Refrain des o. g. Liedes:

„Kaputtmacher, Kaputtmacher! Kaputtmacher!
Ihr seid gemein!

Kaputtmacher! Kaputtmacher! Kaputtmacher!
Bitte lasst das sein!“

Anschließend deckt das Kind, das gerade seine Geschichte erzählt hat, das vor ihm liegende Blatt Papier auf, sodass nun ein weiteres Kind auf die gleiche Art eine neue Situation schildern kann. Wenn alle auf diese Weise an der Reihe gewesen sind, ist das Spiel zu Ende.

Ich mache nichts kaputt

Alter:
ab 5 Jahren
Material:
viele Bauklötze; Klangschale

Bei dem folgenden Spiel erfahren die Kinder, dass man die Bauwerke von anderen Kindern nicht zerstört, aber trotzdem gerne auch eigene Spielideen einbringen kann.
Alle sitzen um einen Tisch herum und jeder erhält die Aufgabe, einen eigenen Turm aus Bauklötzen zu bauen. Sobald die Klangschale ertönt, wechseln alle Kinder ihre Plätze. Nun darf jeder an dem fremden Bauwerk weiterbauen, vor dem er gerade sitzt. Es darf dabei entweder angebaut oder ein weiteres Bauwerk erstellt, aber nichts kaputt gemacht werden. Nach drei bis vier Baurunden setzt sich jedes Kind wieder auf seinen eigenen Platz und schaut nach, ob das eigene Bauwerk verändert wurde oder nicht. Haben sich alle an die Bauregeln gehalten?

Sei bitte vorsichtig!

Alter:
ab 4 Jahren
Material:
Tablett; drei Holzbauklötze

Wie kann ich etwas weitergeben, ohne es kaputt zu machen? Bei diesem Spiel lernen die Kinder, behutsam zu sein und aufeinander Rücksicht zu nehmen.
Alle sitzen dazu in einem engen Kreis. Eines der Kinder erhält ein Tablett, auf das die Spielleitung z. B. drei aufeinandergestapelte

Bauklötze legt. Die Aufgabe dieses Kindes besteht nun darin, das Tablett mit dem Turm seinem linken Sitznachbarn zu überreichen, ohne dass dabei der Turm umfällt. Sollte das aber doch passieren, fängt das Spiel von vorne an. Das Spiel ist erst beendet, wenn der Turm auf dem Tablett einmal unbeschadet ganz im Kreis herumgereicht werden konnte.

Unser Kita-Ordnungsamt

Alter: ab 5 Jahren
Material: drei oder vier Baumwollkappen; evtl. Stoffmalfarben

Drei oder vier Kinder erhalten von der Spielleitung jeweils eine Kappe, auf der „Kita-Ordnungsamt“ steht. Alle übrigen Kinder räumen eine Ecke des Gruppenzimmers, z. B. den Maltisch, auf. Sobald die Aufräumaktion beendet ist, beginnen die Kinder vom „Kita-Ordnungsamt“ mit der „Überprüfung“. Sie kontrollieren genau, ob alles richtig aufgeräumt wurde. Denn erst, wenn sie ganz zufrieden sind, ist die Aktion beendet. Danach benennen die Kinder gemeinsam andere „Kontrolleure“ für die nächste Aufräumaktion.

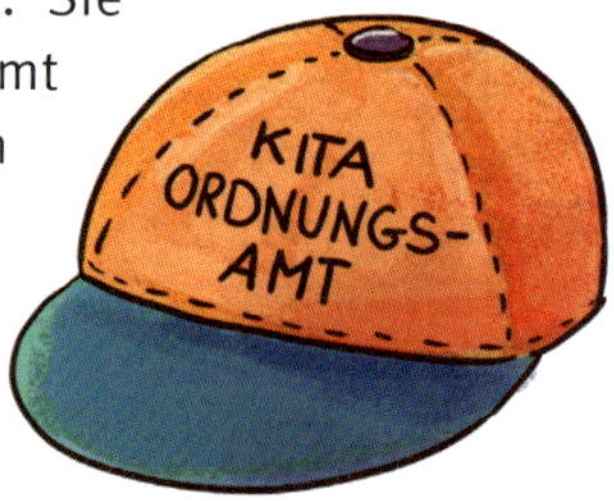

Wer hält am besten Ordnung?

Alter: ab 3 Jahren

Drei bis vier Kinder erhalten die Aufgabe, ihre Sachen, die sie zum Spielen oder Basteln verwendet haben, wieder ordentlich aufzuräumen. Die übrigen Kinder beobachten alles genau und dürfen dann entscheiden, wer von den Dreien bzw. Vieren seine Sachen besonders ordentlich aufgeräumt hat. Das betreffende Kind darf sich zur Belohnung ein bestimmtes Kreisspiel wünschen, für das es im aufgeräumten Gruppenraum jetzt auch bestimmt wieder viel Platz gibt.

Tipp:
Wird dieses Spiel regelmäßig durchgeführt, kommt sicher jedes Kind einmal in den Genuss, sich ein Kreisspiel wünschen zu dürfen.

Wer soll da etwas finden?

Alter:
ab 3 Jahren
Material:
Handtrommel; drei kleine Murmeln

Dieses Spiel eignet sich besonders gut dafür, wenn im Gruppenraum ein richtig großes Spielsachen-Chaos herrscht:
Die Spielleitung versteckt zwischen den herumliegenden Spielsachen drei kleine Murmeln und versammelt anschließend alle Kinder durch Trommeln um sich herum. Sie erzählt ihnen, dass sie drei Murmeln braucht, die sie in dem Chaos einfach nicht mehr finden kann, und bittet sie, während sie ihre Spielsachen aufräumen, nach den drei Murmeln Ausschau zu halten. Wie lange wird es wohl dauern, bis die drei Murmeln wieder auftauchen? Am Ende erklärt die Spielleitung den Kindern, dass man Sachen viel besser finden kann, wenn man Ordnung hält.

Autorin und Liedermacher

Andrea Erkert hat sich als Autorin spielpädagogischer Bücher längst einen Namen gemacht. Neben ihrem erfolgreichen „Das Stuhlkreisspiele-Buch“, das mittlerweile in vielen Kindergärten und Grundschulen zum Standard gehört, hat die Erzieherin, Entspannungspädagogin und Fachlehrerin einer Grundschulförderklasse bei Don Bosco Medien auch einige Spielesammlungen veröffentlicht, wie z. B. „Die 50 besten Wahrnehmungsspiele“ und „3-Minuten Spiele für zwischendurch“. Wichtig ist ihr, den ErzieherInnen und LehrerInnen verschiedene Wege aufzuzeigen, wie sie jederzeit und ohne viel Zutun die Kinder in der Gruppe oder Klasse ganzheitlich fordern und fördern können.
Andrea Erkert führt Elternabende durch und leitet im In- und Ausland Workshops für ErzieherInnen und Lehrkräfte zu verschiedenen pädagogischen Themen. Sie hat bereits über 70 Bücher für den Krippen-, Kindergarten-, Grundschul- und Seniorenbereich veröffentlicht und wird diesbezüglich auch gerne als Expertin von verschiedenen Rundfunk- und Fernsehanstalten angefragt.
Anfragen für ganz- oder halbtägige Seminarveranstaltungen und Elternabende richten Sie bitte an:
Andrea Erkert, Allensteiner Str. 8, 71570 Oppenweiler
E-Mail: andrea.erkert_florida-sun@t-online.de

Heiner Rusche ist seit 20 Jahren hauptberuflich als Kinderliedermacher im gesamten Bundesgebiet unterwegs. Er komponiert und textet seine Kinderlieder selbst und ist als Arrangeur, Musiker und Sänger im eigenen „Kleine Ohrwürmer Studio“ tätig. Bisher erschienen von ihm 13 eigene Kindermusik-CDs sowie viele Verkopplungen zu namhaften Compilations und Produktionen für befreundete Kinderliedermacher. 2010, 2015 und 2018 wurde Heiner Rusche mit dem „Deutschen Rock & Pop Preis“ in der Kategorie „Bestes Kinderlieder-Album“ ausgezeichnet. Mit über 100 Live-Konzerten im Jahr, vom kleinen Kindergartenkonzert bis hin zur großen Open-Air-Bühne, gehört Heiner Rusche zu den erfolgreichsten Kinderliedermachern in Deutschland.
Weitere Informationen zu Live-Programmen, Hörproben, Videos usw. unter: www.heiner-rusche.de
Anfragen für Konzertbuchungen richten Sie bitte an:
Heiner Rusche, Dorfstraße 38, 49353 Hemsloh
Tel.: 05446 1387, mobil: 0171 1463068
E-Mail: kindermusik@heiner-rusche.de

Zur beiliegenden CD

CD-Track	Titel	Zeit
1	Heute wird ein guter Tag	03:04
2	Einfach nur so, grüße ich „Hallo!“	01:19
3	Wer Ordnung hält ...	02:20
4	Laut oder leise	02:03
5	Entschuldigung	00:48
6	Zauberwort	02:26
7	Das sagt man nicht	03:53
8	Rücksicht kennt er nicht	02:11
9	Du hörst mir nicht zu	01:31
10	Quasselstrippen-Wortsalat	02:58
11	Ha-, Ha-, Ha-, Hatschi!	03:21
12	Ratter, knatter! ... Pups!	02:39
13	Ich mag gerne essen	03:06
14	Spaghetti, rote Soße	03:10
15	Spielsachentag	02:06
16	Kaputtmacher	02:34
Gesamt		**39:32**

Musik und Text:
Alle Lieder: © Heiner Rusche

Mitwirkende:
Kinder- und Jugendchor Drebber, unter der Leitung von Silke Husmann

Aufgenommen im „Kleine Ohrwürmer Studio“, Hemsloh
Ton und Technik: Heiner Rusche

Verzeichnis der Spiele und Lieder

Weitere Titel der Autoren

Im Kita-Alltag, der oft ganz schön anstrengend sein kann, geben Rituale Orientierung, vermitteln Sicherheit und Geborgenheit und stärken das Ich- und Wir-Gefühl.

Für Kinder von 3 bis 6 Jahren
112 Seiten, farbig illustriert, Notensatz mit Akkorden
CD mit Liedern und Playbacks: 58 Minuten Spielzeit

ISBN 978-3-7698-2332-5

Wie aufregend ist es für Kinder, wenn Mama und Papa einfach mal für ein paar Stunden mit in der Kita bleiben. Mit diesen Praxisideen und Spielliedern integrieren Sie die Eltern kinderleicht in den Kita-Alltag.

Für Kinder von 3 bis 6 Jahren
108 Seiten, farbig illustriert, Notensatz mit Akkorden
CD mit Liedern und Playbacks: 60 Minuten Spielzeit

ISBN: 978-3-7698-2402-5

Mit den Sinnesspielen und Mitmachideen von Andrea Erkert kommen Kinder ihren Emotionen auf die Spur und lernen, das Beste daraus zu machen – für sich und für das Zusammenleben mit anderen.

Für Kinder von 3 bis 8 Jahren
112 Seiten, farbig illustriert, Notensatz mit Akkorden
CD mit Liedern und Playbacks: 73 Minuten Spielzeit

ISBN: 978-3-7698-2207-6

www.donbosco-medien.de

DON BOSCO

LEBENDIG. KREATIV. PRAXISNAH.